Die Bölschestraße

Rolf Schneider

Die Bölschestraße

Berliner Orte

be.bra verlag

Mehr Informationen im Internet

Bibliografische Information der Deutschen Nationalbibliothek
Die Deutsche Nationalbibliothek verzeichnet diese Publikation in der Deutschen Nationalbibliografie; detaillierte bibliografische Daten sind im Internet über http://dnb.d-nb.de abrufbar.

KulturBrauerei Haus 2
Schönhauser Allee 37, 10435 Berlin
post@bebraverlag.de
Lektorat: Matthias Zimmermann, Berlin
Umschlaggestaltung und Foto: Manja Hellpap, Berlin
Satz: typegerecht, Berlin
Schrift: Stempel Garamond 10/14 pt
Druck und Bindung: GGP Media GmbH, Pößneck
ISBN 978-3-89809-120-6

www.bebraverlag.de

Inhalt

Introitus

Es war das Jahr 1975, da wurde ich um ein literarisches Berlin-Porträt gebeten, übrigens für eine in Hamburg erscheinende Zeitschrift. Eher nebenher pries ich darin die Haupt- und Geschäftsavenida von Berlin-Friedrichshagen, die nach Wilhelm Bölsche heißt, als »eine angenehme, eine wohlabgemessene, einfach eine schöne Straße«. Damals kannte ich sie um die zwanzig Jahre. Heute kenne ich sie nochmals drei Jahrzehnte länger. An meinem einstigen Urteil muss ich nichts ändern.

Ich selbst war und bin immer noch Bewohner einer Vorortgemeinde, die aus mehreren Dörfern zusammenwuchs und mit inzwischen zwölftausend Einwohnern Stadtdimension erreicht, ohne über Stadtrang und städtische Administration zu verfügen. Hauptzweck hier ist das Wohnen. Es gibt ein paar Kleingewerbe, ein bisschen Gartenbau, eine Hauptstraße gibt es, aber sie ist fast ausschließlich mit Familienhäusern bestückt. Ausführliche Möglichkeiten zum Einkauf entstanden erst vor fünfzehn Jahren.

Also musste über eine lange Zeit von mir (und nicht nur von mir), wenn Waren des täglichen Bedarfs einzuholen waren, ein Gang nach Berlin angetreten werden. Der nächstgelegene Stadtteil war Friedrichshagen, und dessen Geschäftsmeile war die Bölschestraße.

Unseren Vorort verband und verbindet mit Friedrichshagen eine Straßenbahnlinie. Wer ein Automobil besaß, konnte das Ziel auch motorisiert erreichen; bis zum Herbst 1989 war es kein Problem, in Friedrichshagen einen Parkplatz zu finden. Das Problem existiert inzwischen, vor allem wochentäglich zwischen Sonnenaufgang und Sonnenuntergang. Wenn ich über ausreichend Zeit verfüge, ziehe ich deswegen die Benutzung der Straßenbahn vor oder setze mich auf mein Fahrrad. Denn ich mag von der Gewohnheit nicht lassen, Friedrichshagen und seine Bölschestraße zu besuchen, das geschieht etwa einmal alle sieben Tage. Ich trödle dann über den Wochenmarkt, wie ich ihn vergleichbar in unserem Vorort nicht antreffe, oder ich suche und finde einen anderen Grund für meinen Aufenthalt. Ich gehe die Bölschestraße hinab, wenigstens bis zur Mitte, manchmal bis zu ihrem Ende, ich nehme die Veränderungen zur Kenntnis, die sich an ihr und auf ihr vollzogen, ich bin gerne hier, da dies eine angenehme, eine wohlabgemessene, einfach eine schöne Straße ist. Aber das sagte ich bereits.

Bank und Kino

Häuser konservieren gelebtes Leben. Erinnerungen lagern sich an ihnen und in ihnen ab und lassen sich wahrnehmen, darin vergleichbar den Jahresringen eines Baumstamms.

Das Gebäude Bölschestraße Nummer 74 wurde 1874 errichtet, an der Stelle eines Kolonistenhauses, Bauherr war ein Rentier namens Lücke. Er hat das fertige Bauwerk bald wieder veräußert. 1895 erhielt es eine Backstube und eröffnete als »Buffetbetrieb mit Vorgarten«, ab 1910 hatte es eine Kegelbahn, und in den 1920er Jahren war es das »Restaurant zur Post«, mit Stehbierhalle. Ab 1937 fanden hier Tanzveranstaltungen statt, und nach dem letzten Krieg zog die staatliche DDR-Handelsorganisation ein, betrieb ein Ladengeschäft und verkaufte zuletzt Elektrowaren und Haushaltsartikel.

Der bauliche Zustand war da schon nicht mehr sehr gut. Die Dielen gaben hörbar nach, was auf Wurm- oder Schwammbefall schließen ließ. Das entgegen der Gebäudeflucht deutlich zurückgesetzte Haus verfiel auch äußerlich.

Schließlich, nach dem Datum der staatlichen und städtischen Wiedervereinigung, stand es eine Weile ungenutzt herum, wurde dann eingerüstet, damit ausführliche Restaurierungsarbeiten beginnen konnten. Nach deren Abschluss erstrahlte es in edelstem Weiß und wirkte auch sonst einigermaßen vornehm. Der Keller nahm einen gepanzerten Tresorraum auf, und das Erdgeschoss dient als Schalterhalle, denn nunmehr arbeitet hier die Filiale einer großen Bank.

Bei ihr pflege ich, wenn ich neue Barmittel benötige, den Geldautomaten zu bemühen. Er steht in dem glasumhüllten Vorraum, mitsamt anderen seinesgleichen. Mein Fahrrad lehne ich zuvor an das Geländer der Freitreppe. Bei dem türkischen Obst- und Gemüsehändler, der gleich nebenan sein wohlsortiertes Geschäft betrieb, habe ich, solange es ihn gab, dann ein paar Südfrüchte gekauft.

Das auf der anderen Straßenseite stehende Haus Nummer 69 stammt aus dem Jahr 1872, sein Bauherr war ein Gastwirt namens Belz. Er ließ einen großen Saalbau errichten, »mit Asphaltdach und einer Veranda«. Auch diese Einrichtung wechselte rasch und häufig den Besitzer.

1913 eröffnete darin ein »kinematographisches Theater«, mit 292 Plätzen. Im Jahre 1923 geschah die Erweiterung auf insgesamt 529 Plätze, nunmehr trug es den Namen »Union Filmtheater«. Er sollte sich lange halten. Das Etablissement entwickelte sich zu einem beliebten und gut besuchten Stadtteilkino, das sein Publikum aus Friedrichshagen, Hirschgarten und den benachbarten Vorortgemeinden Schöneiche und Woltersdorf bezog. Dabei blieb es die insgesamt vier Jahrzehnte nach dem Ende des Zweiten Weltkriegs, als das Kino nunmehr volkseigener Besitz geworden war.

Das Innere zeigte sich düster, plüschig und verstaubt. 1973 erfolgte eine Runderneuerung, die an den inneren Zuständen wenig änderte, doch die alte Fassade ihrer Neo-Renaissance-Zutaten beraubte, zugunsten des damals in Mode befindlichen uniformen Rauputzes. Das »Union« spielte noch eingangs der 1990er Jahre seine Filme ab, dann verkaufte es die Treuhandanstalt an Wolfgang Lippert, einen Entertainer mit DDR-Bio-

Die Bank im Gebäude der Bölschestraße Nummer 74.

grafie. Noch einmal wurde ein wenig umgebaut, eine Süßwarentheke zog ein, während sich die Anzahl der Plätze deutlich verringerte. Dann schloss das »Union«. Die von Lippert zugesagten Investitionen blieben aus. Der Besitzer, war zu hören, habe sich finanziell übernommen, hier wie überhaupt.

Manchmal druckte die Lokalpresse höfliche Klagen über den zunehmend desolater werdenden Zustand des Hauses, ohne dass sich irgendwas tat. Ein paar Einzelne engagierten sich, gleichwohl, das Gebäude verfiel mehr und mehr. Dann fand sich doch noch ein neuer Betreiber, der genügend Mut, Zähigkeit und Enthusiasmus aufbrachte, um sich an die Zukunft des Kinos zu wagen. Das tägliche Programm wechselt nun häufig, es zeigen sich Ehrgeize in Richtung Arthouse.

Kino »Union«, Bölschestraße Nummer 69.

Inzwischen verfügt das Unternehmen über ein Publikum von wechselnder Kopfstärke. Manchmal zeigt es sich eher schütter, daneben laufen Vorstellungen, die ausverkauft sind. Tickets muss man im Vorraum erwerben; wer will, kann sich dort zudem mit Wein, Bier oder Snacks versorgen, intensiv (und für meine Nase zu penetrant) riecht es nach frisch geröstetem Popcorn. Das Parkett hat bequeme Polstersessel, davor stehen Tische für die mitgebrachten Getränke. Weiteren Platz bietet der zumeist gut besetzte Balkon.

In diesem Kino sitze ich immer mal wieder. Ich habe hier »The King's Speech« gesehen, mit dem fabelhaften Colin Firth, oder auch das umwerfend komische »Willkommen bei den Sch'tis«, wo das Idiom des nordfranzösischen Artois in einen wunderlichen deutschen Kunstdialekt übersetzt wurde. Ich sitze in diesem Kino, wie ich darin schon vor dreißig, vierzig Jahren saß. Natürlich ist die Projektionsfläche inzwischen größer geworden, ausgelegt für Breitwandproduktionen, und vor dem eigentlichen Film läuft etwas lokale Reklame, für ein Fitnessstudio nahebei, für andere Geschäfte auf der Bölschestraße. Alles ist, wie es immer war, und doch irgendwie auch ein bisschen anders. Häuser konservieren gelebtes Leben. Erinnerungen lagern sich an ihnen und in ihnen ab. Aber auch das sagte ich schon.

Merkantilismus

Nicht bloß einzelne Häuser haben ihre Geschichte, Straßen haben sie, Ortschaften haben sie, Regionen. Friedrichshagen mit seiner zentralen Bölschestraße ist etwas mehr als ein Vierteljahrtausend alt.

Verglichen mit anderen Siedlungen der unmittelbaren Umgebung handelt es sich um eine eher junge Gründung. Seit 1920 gehört Friedrichshagen verwaltungstechnisch zu Berlin-Köpenick, das seinerseits auf eine sehr viel längere Lokalhistorie zurückblicken darf: Grund genug, den Blick zunächst einmal dorthin zu wenden.

Die einst selbstständige Stadt hieß ursprünglich Copnic. Der Name ist slawischen Ursprungs und bedeutet Inselort. Gemeint war damit die heutige Schlossinsel, auf der früher eine wendische Burg stand, eine runde Anlage mit einem Erdwall zu Schutz und Verteidigung. Die westslawische Völkerschaft, die sie errichtete und die hier siedelte, waren die Sprewanen; ihren Namen haben sie gemeinsam mit den beiden Flüssen, die das Eiland umspülen. Wobei der eine, die wendische Spree, besser bekannt ist als Dahme.

Der letzte slawische Herrscher von Köpenick hieß Jaxa. Er unterlag den Askaniern von Markgraf Albrecht dem Bären, danach wurde und blieb die Siedlung deutsch, erhielt das Stadtrecht und lebte ganz gut von einer vielbefahrenen Handelsstraße. Vor allem aber lebte es, wie schon zu wendischen Zeiten, vom Fischfang.

Das Herz von Köpenick blieb die Schlossinsel.

Wo liegt Schloss Köpenick?
An der Spree;
Wasser und Wald in Fern und Näh',
Die Müggelberge, der Müggelsee.

Diese nicht sonderlich elegante Reimerei ersann der große Theodor Fontane.

Die einstige Köpenicker Slawenburg hatte einem mittelalterlichen Kastell weichen müssen, das um 1550 abgerissen worden war, um einer Renaissanceanlage Platz zu machen. Bauherr war Hohenzollernkurfürst Joachim II. Für die Baukosten schröpfte er die märkischen Juden.

Weitere Umbauten erfolgten ab 1677, unter Friedrich, dem nachmals ersten Preußenkönig. Dessen Enkelsohn mit gleichem Namen wollte als junger Mann dem terroristischen Regime seines königlichen Vaters entfliehen, doch die Sache kam vorzeitig auf, und Friedrichs intimer Freund, der Leutnant Hans Hermann von Katte, sah sich in Schloss Köpenick vor ein Kriegsgericht gestellt. Das Todesurteil, das der erzürnte König schließlich durchsetzte (das Kriegsgericht hatte bloß auf Haft plädiert), wurde in der preußischen Festung Küstrin vollstreckt. Der Kronprinz war gezwungen zuzusehen und fiel darüber in Ohnmacht. »Eine tiefe Misogynie ist fortan von seinem Wesen untrennbar«, hat Thomas Mann über ihn gesagt.

Misogyn oder nicht, von unbezwingbarem Aktivismus geprägt war er jedenfalls. 1753, da saß er seit dreizehn Jahren auf dem preußischen Königsthron und hatte zwei Schlesische Kriege hinter sich gebracht, ließ er am nördlichen Ufer des in Fontanes Versen genannten Großen Müggelsees eine Kolonistensiedlung anlegen. Sie entstand auf geschichtslosem Boden. Bronzezeitliche Spuren wie in Köpenick gab es hier nicht. Die Gegend war überwiegend von Wasser und Sumpfland geprägt, von Schilf, Wiese und Wald, bewohnt von wildem Getier. Nur ein einsames Haus stand schon, die Alte Ziegelscheune, die Bier und Schnaps ausschenkte für vorüberfahrende Schiffer.

Mit Durchführung der Kolonisiation beauftragt war der Königliche Kriegs- und Domänenrat Johann Friedrich Pfeiffer, er betrieb den Ausbau der »Spinnerkolonie bei Cöpenick« mit Nachdruck. Es entstand eine der größeren Siedlungen im Umkreis der Residenzstadt Berlin, gedacht für das häusliche Spinnereigewerbe. Man schrieb das Zeitalter des Merkantilismus. Handel und Handwerk hatten seit den Tagen von Friedrichs Urgroßvater, dem Großen Kurfürsten, auch in Brandenburg-Preußen ein ständig wachsendes Gewicht.

Durch die dichte Waldung am Seeufer wurde eine Schneise geschlagen. Die ersten Siedler, etwa hundert an der Zahl, stammten aus fast allen deutschen Ländern und zu einem Drittel aus Böhmen. Ein Straßendorf aus zunächst fünfundzwanzig Doppelhäusern wurde angelegt. Den ihm ursprünglich zugedachten Namen »Friedrichsgnade« verwarf die Obrigkeit.

Der Merkantilismus war eine französische Erfindung. Aus Frankreich kamen die tüchtigsten Manufakturbetreiber Berlins, protestantische Glaubensflüchtlinge, genannt Hugenotten. Eines der von ihnen betriebenen Handwerke war die Seidenweberei. Seide, ein Luxusprodukt, war entsprechend teuer und von daher hochprofitabel. Friedrich hatte den Einfall, in der neuen Siedlung an Rande des Großen Müggelsees Seide herstellen zu lassen.

Die Friedrichstraße mit doppelten Baumreihen. Postkarte, um 1910.

Seide ist das Erzeugnis einer in Asien beheimateten Schmetterlingsart mit dem lateinischen Namen *Bombyx mori.* Deren Raupen verpuppen sich in Fäden, die vom Kokon gelöst, dann zu Seide versponnen und schließlich verwebt werden. Zuvor ernähren sie sich vom Laub des weißen Maulbeerbaums, *Morus alba.*

Die Bewohner der neuen Siedlung, die nicht Friedrichsgnade heißen durfte und stattdessen Friedrichshagen hieß (der Name des Gründers sollte jedenfalls erhalten bleiben), pflanzten vor ihre strohgedeckten Kolonistenhäuser zweimal zwei Reihen Maulbeerbäume. Die gediehen auch, doch die Seidenraupenzucht wollte nicht recht vorankommen. Die Siedler blieben bei jener Tätigkeit, derentwegen man sie geholt hatte, aber statt der edlen Seidenfäden spannen und webten sie Baumwolle, wenn sie sich nicht gezwungen sahen, Körbe zu flechten.

Die zentrale Achse und Hauptavenida der Siedlung verlief schnurgerade und machte deutlich, dass sich ihre Entstehung keiner urbanistischen Zufälligkeit, sondern überlegter Planung verdankte. Sie war die Dorfstraße. Sehr viel später würde sie nach dem König Friedrich und noch ein Halbjahrhundert später nach dem Schriftsteller Bölsche heißen. An ihren Rändern wuchsen die Maulbeerbäume und standen die niedrigen Kolonistenhäuser. Der Wohlstand ihrer Bewohner war mehr als bescheiden.

Eine Änderung ergab sich erst knappe hundert Jahre nach der Ortsgründung. Sie geschah in der Konsequenz einer logistischen Maßnahme: 1842 wurde Friedrichshagen angeschlossen an die Linie der Niederschlesisch-Märkischen Eisenbahn.

Nunmehr ließ sich der Ort für Einwohner Berlins vergleichsweise schnell und problemlos erreichen. Sie kamen auch reichlich. Die infolge von politischem Machtzuwachs und beginnender Industrialisierung hastig gewachsene und ständig weiter wachsende Hauptstadt besaß Quartiere mit engen Straßen und lichtarmen Häusern, die bei den Bewohnern das Bedürfnis nach Weite, Sonne und Natur entstehen ließen. Sie gaben dem nach. Unter anderem fuhren sie nach Friedrichshagen. Sie entdeckten, wie hübsch es hier war und wie vergleichsweise geruhsam es hier zuging.

Die Siedlung begann eine Karriere als Erholungsort. Die Zahl der Gäste stieg. Waren es im Jahre 1860 bloß sechzig, wurden es in den Folgejahren zweitausend. Die Besitzer der Kolonistenhäuser zogen während der warmen Jahreszeit in ihre ausgebauten Heuböden, damit sie ihre Wohnstuben vermieten konnten. Doch der Komfort dort fiel allzu bescheiden aus, also kam es bald zu Neubauten, die sich touristisch besser nutzen ließen.

Müggelsee. Postkarte, um 1900.

Die strohgedeckten Häuser verschwanden eines nach dem anderen. Parallel und quer zur Dorfstraße entstanden nach und nach weitere Wohnzeilen. Kein anderer Ort in der Umgebung Berlins habe derart an Ausdehnung gewonnen, notierte respektvoll das in Bernau erscheinende *Niederbarnimer Kreisblatt*, es nannte die Zahl von dreitausend Einwohnern und vermerkte: »Wie groß der Andrang von Vergnügungslustigen nach hier ist, geht schon daraus hervor, dass an einem Tage über 11 000 Personen nur von der Brauerei nach dem Müggelschlösschen über die Spree gefahren sind … Friedrichshagen geht einer großen Zukunft entgegen.« Um zur Brauerei zu gelangen, konnte man auch jene Straße hinabgehen, die heute nach Wilhelm Bölsche heißt.

Die vom *Niederbarnimer Kreisblatt* prognostizierte große Zukunft drückte sich unter anderem numerisch aus. Im Jahre 1900 betrug die Einwohnerzahl 11 289. Die lokale Obrigkeit achtete darauf, dass durch die allenthalben um sich greifende Industrialisierung der Erholungswert Friedrichshagens nicht geschmälert würde. Seit dem Jahre 1880 ausgestattet mit dem Titel Kurort, verhielt sie sich bei der Zulassung etwelcher Gewerbe, die Lärm oder Schmutz erzeugten, äußerst restriktiv. Außer der im Bericht des Kreisblatts erwähnten Brauerei gab es noch eine Kunstgießerei, Gladenbeck, die unter anderem die Victoria auf der Berliner Siegessäule hergestellt hat und die Figuren des Begasbrunnens, der heute vor dem Berliner Roten Rathaus steht. Sonst existierten, nach einem Bericht der *Vossischen Zeitung*, nur noch »eine Trinkanstalt von Mineralbrunnen, frischer Milch und Molken im neuerbauten Pavillon eingerichtet, ebenso eine Kuranstalt für Brust- und Nervenleidende«.

Die Dorfstraße in Friedrichshagen war zu einem Boulevard des gesunden Lebens geworden.

Die Welt ist ein zäher Sauerteig

»Nun der Hase tot ist, geht die Legende um. Ehrsame Leut, die ganz unschuldig nach Friedrichshagen ziehen, weil es ein reizender und gesunder Ort ist, ohne literarische Hintergedanken, werden böswillig schwer verdächtigt, als wenn sie in die ›Kolonie‹ eintreten möchten«, notierte da jemand. »Lieber Freund, tröste dich, es gibt Unsterblichkeit. Die Wahrheit, die wir im Schweiße unseres Angesichts gepredigt haben, wird bald vergessen sein. Aber unsterblich währt, was über uns gelogen worden ist.«

Das Zitat bedarf mehrfacher Erläuterungen.

Geschrieben wurde es 1905. Zu erkennen ist, dass Friedrichshagen damals immer noch vorrangig als Badeort galt, freilich nicht mehr ausschließlich. Von einer Kolonie ist die Rede, die offenbar mit schöner Literatur befasst und im allgemeinen Bewusstsein deswegen negativ besetzt war. Autor des Zitats ist jener Mann, nach dem die zentrale Straße von Friedrichshagen heute heißt, Wilhelm Bölsche.

Außer seinen Namen, den neben dieser Straße noch eine Friedrichshagener Sekundarschule, Straßen anderswo, dazu eine Insel in Spitzbergen, eine Schlucht im Riesengebirge und ein Asteroid unseres Sonnensystems tragen, ist von ihm nicht sehr viel geläufig.

Alte Fotografien zeigen einen Mann mit Vollbart und melancholischem Blick. Geboren wurde er in Köln, 1861, sein Vater war Journalist, also war dem jungen Wilhelm das Publizieren von Texten vom Elternhaus her durchaus vertraut. Drei Jahre studierte er an der Bonner Universität, seine Fächer waren Philosophie, Kunstgeschichte und Archäologie. Im Jahre 1885 kam er nach Berlin.

Er wurde dort Mitarbeiter eines im deutschen Sprachraum bald führenden Buchverlages, dem Unternehmen von Samuel Fischer. Er redigierte eine Zeitschrift, die anfangs *Freie Bühne* hieß, später wurde sie umbenannt in *Neue Rundschau* und blieb dann über viele Jahrzehnte ein wichtiges deutsches Literaturmagazin. Der Titel *Freie Bühne* macht aufmerksam auf den ursprünglichen Zweck: Die Zeitschrift war zentrales Organ jener Bewegung, die ein Theater für breitere Publikumsschichten anbieten wollte, woraus schließlich die Volksbühnenorganisation hervorging. Herausgegeben wurde die Zeitschrift von Otto Brahm, Kritiker und später Intendant des Deutschen Theaters in Berlin.

Vor und neben seiner Redakteurstätigkeit schrieb Wilhelm Bölsche Romane, zwischen 1885 und 1891 erschienen deren drei. Zwei hatten historische Sujets, der letzte, drei Bände stark, spielt in Bölsches Gegenwart.

Der Titel lautet »Die Mittagsgöttin«. Der Held ist ein Weltverbesserer aristokratischer Herkunft, der sich zunächst zum Sozialismus bekennt und als Agitator auftritt. Sein Ton ist hochpathetisch. Der Titel steht für eine wendische Göttin aus dem Spreewald, Pschipolniza, deren Weiblichkeit der Held erliegt, was ihn zum Spiritisten macht. Am Ende begeht er Selbstmord. Der Icherzähler, Intellektueller und Anhänger des naturwissenschaftlichen Fortschritts, folgt den Wegen jenes Aristokraten, findet dann aber zum Sozialismus zurück. In dieser Figur hat erkennbar Bölsche sich selber porträtiert.

Wilhelm Bölsche.

»Das Bild wechselte nach einer Weile, es kam ein Dorf. Aber ein Dorf ganz eigener Art. Statt der Straßen schattige, laubüberdachte Kanäle, jedes Haus eine Welt für sich, auf eigener Insel, mit Booten für den Verkehr im Hafen. Graubraun struppig ausgefasert und ungeschlacht schauten die Riesendächer der einzelnen Bauernhöfe zu uns herüber, unter den tief herabsinkenden, zottigen Strohrande kleine, kaum sichtbare Fensterchen, neben denen gespaltenes Erlenholz klafterweise aufgeschichtet stand; eine breite, silberglänzende Weide, eine vereinsamte schwarze Tanne hoben sich zum Hofe wie uralte Wahrzeichen niedrige Obstbäume ...«

Die Rede ist vom Spreewald, Landschaft der titelspendenden Mittagsgöttin. Die Schilderung gründet auf eigene Anschauung, Bölsche hatte eine Schwäche für ländliche Milieus. Der Icherzähler hängt Charles Darwin an und dem deutschen Zoologen, Darwinisten und Freidenker Ernst Haeckel. Auch diese Eigenheiten hat er mit Bölsche gemein, der sich fortan naturwissenschaftlichen Inhalten zuwenden würde. 1884/85 erschienen die zwei Bände »Entwicklungsgeschichte der Natur«, ab 1898 die drei Bände »Liebesleben in der Natur«.

»Mein Buch wendet sich an alle, die vernünftig denken können und den Mut haben, sich eine eigene Weltanschauung zu bilden. Die Welt ist ein zäher Sauerteig, und wer hindurch will, darf sich vor keinen Himmeln und vor keinen Höllen scheuen. Selbstverständlich habe ich an reife Menschen dabei gedacht. Reif ist aber jeder, der einmal die Erleuchtungsstunde durchlebt hat, da ihm der Drang nach Erkenntnis aufgegangen ist; da er eingesehen hat, dass dieses ganze flüchtige Menschenleben mit all seiner Hatz durch die paar Jahre und all seinen Enttäuschungen ein unendlicher Blödsinn ist, wenn wir ihm nicht einen höheren Sinn durch die Erkenntnis geben, durch das kleine Lichtstümpfchen ›Denken‹, das uns in all dem Finstergraus verliehen ist. Wer Erkenntnis sucht, der geht nackt und bloß, und es gibt nur ein Kleid, das ihn hüllt: die Wahrheit.«

Hier muss man wissen, dass die darwinsche Abstammungslehre zu jener Zeit bei Weitem noch nicht durchgesetzt und also nicht selbstverständlich war. Sie widersprach dem biblischen Schöpfungsmythos, wie ihn die Kirchen vertraten, sie nagte am herkömmlichen Selbstbewusstsein des abendländischen Homo sapiens. Außerdem verstießen Bölsches Schilderungen von sexuellem Geschehen gegen die offiziell herrschende Prüderie, hatten also den Beigeschmack des Verbotenen und fanden eben darum Interessenten.

»Das Liebesleben in der Natur« machte Bölsche berühmt. Das Buch wurde, was man heute einen Bestseller nennt. Bei alledem lesen sich seine Formulierungen eher vorsichtig, der Leser wird direkt angesprochen, immer wieder. Bölsche verwendet weniger den sachlichen Ton naturwissenschaftlicher Prosa als poetische Wendungen, häufig wird Goethe zitiert und manchmal Angelus Silesius. Der einstige Belletrist mochte sich nicht verleugnen. Es war wohl auch dieser vergleichsweise behutsame Gestus, der den Erfolg des Werkes beförderte.

Fortan blieb Wilhelm Bölsche ein Sachbuchautor. Die Liste seiner Publikationen ist lang. Es finden sich Bücher über Pioniere des naturwissenschaftlichen Denkens, Bücher über Astronomie und Erdzeitalter, über Insekten und Saurier, er hat Schriftstellerbiografien verfasst und die Schriften vergangener Dichter herausgegeben, etwa die von Novalis, Heine, Hauff und Uhland.

Nebenher war er ein nicht unbegabter Zeichner und Karikaturist, dazu ein emsiger Briefeschreiber. Seine letzte Publikation stammt vom Jahr 1934.

Gestorben ist er einen Tag vor Ausbruch des Zweiten Weltkriegs, nicht in Friedrichshagen, sondern im schlesischen Schreiberhau. In Friedrichshagen hat er in insgesamt sieben Wohnungen gelebt. An der Straße, die heute seinen Namen trägt, lag von ihnen keine.

Gleichsam eine Wiedergeburt

Bölsches Sterbeort Schreiberhau heißt jetzt Szklarska Poręba und gehört zu Polen. Im Jahre 1862 wurde nicht sehr weit von Schreiberhau entfernt der Schriftsteller Gerhart Hauptmann geboren.

1901 notierte Wilhelm Bölsche:

»Es werden in diesem Sommer genau dreizehn Jahre, dass meinem Freund Bruno Wille und mir die Großstadt in einer Weise zum Halse herauszuhängen anfing, dass wir es wirklich nicht mehr länger aushalten konnten ... Nun hauste damals tief in der östlichen Kiefernheide, eine Bahnstunde von Berlin, ein lieber Freund mit dem annoch gänzlich indifferenten Namen Gerhart Hauptmann. Hinter seiner Wohnung dehnte sich der Wald, ab und zu durchbrochen vom blanken weißen Spiegel eines flachen Schilfsees, zu dem der Ufersand gelb wie Dukatengold niederquoll und aus dessen Moorboden die Ruderstange das Sumpfgras wie Selterswasserperlen stieß ... Und als wir ein paarmal draußen gewesen waren, fasste uns jener Hunger so übergewaltig, dass wir eines Tages gar nicht mehr zurückkamen, sondern uns eine Station näher ansiedelten, die aber auch noch im Walde lag: in Friedrichshagen.«

Mithin war es Hauptmann, der Bölsches Umzug in den Berliner Vorort angeregt hatte. Hauptmann selbst würde die Region südöstlich Berlins durch seine Arbeiten bald sehr be-

Gerhart Hauptmann.

kannt machen, wie er seinerseits dadurch berühmt wurde: mit der Novelle »Bahnwärter Thiel«, mit Theaterstücken wie dem »Biberpelz«.

Auch das Stück »Einsame Menschen« von 1881 gehört dazu. Der Wortlaut der szenischen Anmerkung ist eindeutig: »Die Vorgänge dieser Dichtung geschehen in einem Landhause zu Friedrichshagen bei Berlin, dessen Garten an den Müggelsee stößt. Der Raum hat eine mäßige Tiefe. Zwei Bogenfenster und eine Glastür der Hinterwand gestatten den Blick auf eine Veranda und einen Ausblick über den Garten, auf den See und die Müggelberge jenseits.«

Erzählt wird dies: Johannes Vockerath, ein Privatgelehrter, lebt zusammen mit seiner Ehefrau, einem Kleinkind und seinen Eltern. Die Umstände seines Wohnsitzes beschreibt er so: »Die hiesige Gegend ist sehr sandig. Und alles so teuer hier, Sie können sich keinen Begriff machen. Haben Sie den See gesehen? Das ist wirklich hübsch, das muss man sagen. Wir haben's recht bequem. Wir liegen direkt am Ufer. Zwei Kähne haben wir auch unten im Garten.«

Vockerath leidet darunter, dass man ihn und seine Interessen nicht versteht. Seine Frau ist ein braves Heimchen. Seine Eltern sind frömmelnde Pietisten. Johannes aber ist Agnostiker und hängt den Lehren von Charles Darwin an. Da erscheint Anna Mahr, eine aus Russland stammende Studentin, emanzipiert und temperamentvoll. Vockerath fühlt sich augenblicklich zu ihr hingezogen, ihre liberalen Ansichten entsprechen den seinen. Er erklärt: »Seit sie hier ist, erlebe ich gleichsam eine Wiedergeburt. Ich habe Mut und Selbstachtung zurückgewonnen. Ich fühle Schaffenskraft, ich fühle, dass das alles geworden ist unter ihrer Hand gleichsam. Ich fühle, dass sie die Bedingung meiner Entfaltung ist.«

Vockerath träumt von einer spirituellen Ehe zu dritt. Doch die Anwesenheit der Russin vergiftet das Leben im Haus. Vater Vockerath sorgt dafür, dass sie fortgeht. In die Familie scheint allgemeiner Frieden einzukehren. Nur Johannes wird vermisst: Er hat sich im Müggelsee ertränkt.

Vockerath trägt, wenn ich mich nicht täusche, erkennbar Züge Wilhelm Bölsches.

Habenichtse und Hungerleider

Die frühen Theaterstücke Gerhart Hauptmanns wurden an Berliner Bühnen uraufgeführt, voran am Deutschen Theater von Otto Brahm. Der literarhistorische Sammelbegriff, dem man sie zuordnen muss, heißt Naturalismus.

Dessen Ursprungsland war Frankreich und Emile Zola dort der wichtigste Vertreter. Kunst, so eine gängige Definition (die auch den Namen erklärt), sollte und wollte »wieder die Natur sein«. Was bedeutete: Kunst würde die Wirklichkeit nicht länger romantisieren oder idealisieren, sondern so abbilden, wie sie war, mitsamt allen Verwerfungen, Härten, Grausamkeiten, mit Großstadt und Industriearbeit, mit Verelendung und sozialer Spannung. Zola erzählte davon in seinen Romanen, anderswo eroberte der Stil das Theater, voran in Skandinavien, mit den Dramatikern Henrik Ibsen und August Strindberg.

Der Verleger von Hauptmann und Ibsen war Samuel Fischer. Dessen Hauszeitschrift *Freie Bühne* machte für den Naturalismus publizistisch mobil. Ein anderes Blatt, das sich für diese Strömung und deren Autoren einsetzte, trug den Titel *Kritische Waffengänge*. Herausgeber und einzige Beiträger waren die Brüder Heinrich und Julius Hart.

Sie stammten aus dem Westfälischen. Heinrich, der ältere, wurde 1855 geboren, Julius war vier Jahre jünger. Beide probierten sich schon frühzeitig als Literaten und Editoren, beide

Julius Hart.

schrieben Lyrik, 1879 erfanden sie einen Literaturkalender, der später, als »Kürschner«, zu einem viel benutzten Nachschlagewerk gedieh.

1881 nahmen die Brüder ihren Wohnsitz in Berlin. Sie wollten sich für die literarische Avantgarde engagieren: an deren Mittelpunkt. »Alles drängt nach den Maschinenzentren hin, die Kleinstädte werden zu Mittel-, die Mittel- zu Großstädten, die Großstadt zur Weltstadt. An Stelle der ehemaligen Kleinstaaterei ist ein großer, der zur Zeit mächtigste Einheitsstaat getreten, und Berlin schiebt in kurzer Spanne Zeit seine Grenzen stundenweit hinaus. Die Poesie kann aber gar nichts anders, als solche Bewegungen mitmachen; sie treibt stets im Strome der allgemeinen Kultur-Entwickelungen.«

So Julius Hart. Er und sein Bruder wurden Mitglied in allerlei Vereinen und Interessenverbänden. Dann zogen beide, weil das Wohnen dort vergleichsweise billig kam, in den Vorort Friedrichshagen. Der »wurde in kurzer Frist ein Hauptmittelpunkt des literarischen Treibens und ebenso der sozialen Bewegung«, notiert Heinrich Hart. Letzteres sei von dem Tage an geschehen, als eine Schar jüngerer Sozialdemokraten »den Versuch machten, die allzu opportunistisch und allzu dogmatisch gewordene Partei neu aufzurütteln und zu revolutionieren. Der Versuch misslang.«

Die Kritik war die Leidenschaft der Brüder, die Publizistik ihre wichtigste Tätigkeit. Von eigener Lyrik mochten sie gleichwohl nicht lassen.

Kranzumwundenen Haars
Träumtest genug du im duftenden Frühlingswald
An der efeuumhangenen Quelle,
Wo dir schattet der Buche Geäst.

Heinrich Hart.

Lange genug hast du in schlafender Nacht,
Im Schmuck des traumberauschenden Mohnes,
Sinnenden Auges beim weißen Mondschein,
Müde und krank mit fiebernder Stirne
Des schweren, schweren
Menschenleidens,
All ungelöster
Rätsel gedacht.

Verse von Julius Hart. Die ländliche Topografie Friedrichshagens findet ihren Niederschlag. Was aber wie das hymnische Lob einer schönen Frau klingen mag, meint in Wahrheit eine allegorische Figur: die der deutschen Poesie. Dies will und soll nicht besagen, dass Julius Hart fraulichen Reizen bloß literarisch-metaphorisch erlag. Die beiden Brüder lebten auch deshalb in Friedrichshagen, weil sie sich hier vergleichsweise frei und bohèmehaft bewegen konnten. Sie hingen der Lebensreform an, mit ihren frei fließenden Frauengewändern und ihren unkonventionellen Geschlechterbeziehungen. Außerdem war man ziemlich trinkfest.

Julius Hart hat in Friedrichshagen geheiratet. Die zugehörige Feierlichkeit fand in einer Kneipe statt, von der anzunehmen ist, dass sie sich an der zentralen Dorfstraße befand. Es war ein Journalist zugegen, der für das Berliner Tageblatt *Tägliche Rundschau* schrieb. Hier sein Artikel:

»In meiner Eigenschaft als Berichterstatter besuchte ich die Hochzeitsfeierlichkeiten des Schriftstellers Julius Hart. Nachdem die christliche Trauung abgeschlossen war, begab sich dieser buntgewürfelte Trupp notorischer Habenichtse, Hungerleider und Schmierfinken in ein anrüchiges Etablissement. Dort wurde nur gesoffen. Unterbrochen wurde das Gelage durch den

Vortrag von Texten und Gedichten und Liedern, die in höchstem Maße obszön waren. Der Höhepunkt der Abartigkeit wurde in den frühen Morgenstunden erreicht, als sich zwei Männer bei den Händen fassten und einen wilden, irren Tanz über Stühle, Tische und Bänke begannen, auf dem Niveau von wilden Tieren.«

Verbrechertisch

Es gab die beiden Harts, und es gab den Hartleben. Dessen Vornamen lauteten Otto Erich, gern abgekürzt zu O.-E. Heute ist er fast vergessen. Einst war er sehr erfolgreich und ziemlich berühmt.

Wie fast alle Angehörigen des Dichterkreises war auch er ein Zugereister. Die Heimat war Niedersachsen, Geburtsdatum war das Jahr 1864. Der früh Verwaiste wuchs zunächst bei seinen Großeltern auf und musste mehrfach die Schulen wechseln, ehe er bei einem Erzieher unterkam, der ihm außer dem Schachspielen noch das Biertrinken beibrachte. Im Gymnasium soll der junge Hartleben zu seinem Pausenbrot demonstrativ Schnaps verzehrt haben.

Später studierte er Rechtswissenschaften und wurde Gerichtsreferendar. »Da hatte ich den Jammer, dass ich mit den Leuten auf der Anklagebank fast täglich lieber zu Abend gegessen hätte als mit meinen Kollegen – auf die Dauer hätten das die einen den anderen übelgenommen.«

Dies sein Kommentar. Er quittierte den Dienst und verkündete: »Wisst, dass ich alle Fesseln der Geduld zerrissen habe, mich ganz und gar der Ungebundenheit beflissen habe, dass ich als Referendar gottlob ins Gras gebissen habe, d. h. der heiligen Frau Justitia was geschissen habe, und nun zum Ruhekissen erst ein gut Gewissen habe.«

Er wollte freier Schriftsteller sein. Zunächst finanzierte er sich durch Schulden und galt als Pumpgenie. Später konnte er eine größere Erbschaft antreten: 80000 Goldmark, das war damals ein Vermögen.

Seine Empathie für Gestrauchelte und seinen Hedonismus konnte er bei den Friedrichshagenern gut ausleben. Mitgebracht hatte er seine Geliebte, eine Kellnerin, die er später ehelichte; sie hieß Selma Hesse, er nannte sie Moppchen. Zwischendurch würde er mit einer Schneiderin ein uneheliches Kind zeugen.

Er war etwas dicklich, hatte einen Lockenkopf, trug eine Brille und einen Spitzbart. Wie seine literarischen Gefährten bekannte er sich zum Naturalismus. Er war Autor des S. Fischer Verlags, schrieb für Zeitschriften wie *Simplicissimus* und *Jugend*. Er übersetzte und dichtete nach, unter anderem Maurice Maeterlinck; seine Eindeutschung von »Pierrot lunaire« des Belgiers Albert Giraud hat Arnold Schönberg vertont.

In den *Kritischen Waffengängen* der Brüder Hart publizierte er Dichterporträts, darunter eines von Alfred Hugenberg, der sein Jugendfreund war. Hugenberg hat dann nicht als Literat Karriere gemacht, sondern als Großindustrieller, Zeitungsmogul und UFA-Gründer. Nach 1918 wurde er Chef der Deutschnationalen Volkspartei und Kumpan Adolf Hitlers.

Hartleben selbst war zu keiner Zeit politisch konservativ. 1899/1900 schrieb er ein Stück mit dem Titel »Rosenmontag«, den Stoff hatte ihm sein Bruder zugetragen. Die Uraufführung fand in Berlin am Deutschen Theater von Otto Brahm statt.

Erzählt wird die Liebesgeschichte zwischen dem Offizier Hans Rudorff und dem Mädchen Gertrude Reimann. Die Verbindung zerbricht, an Missverständnissen und Intrigen, sie muss zerbrechen, da sie gegen gesellschaftliche Konventionen verstößt. Die beiden Liebesleute scheiden aus dem Leben.

Am Rosenmontag liegen zwei,
die Hände noch verschlungen –
das Leben strömte rau vorbei,
die beiden habens nicht bezwungen.

Diese von Rudloff gemachten Verse raunen sie einander zu, ehe sie sterben.

»Rosenmontag« erinnert an Schillers »Kabale und Liebe« und, mehr noch, an Texte von Arthur Schnitzler. Freilich spielt Hartlebens Stück nicht in Wien, sondern in Preußen, und der andere Unterschied besteht darin, dass »Rosenmontag«, anders als »Liebelei« oder »Leutnant Gustl«, heute so gut wie vergessen ist. 1955 diente es noch als Vorlage für einen Spielfilm, den Willy Birgel inszenierte, mit Dietmar Schönherr in der Hauptrolle. Auch den Film kennt kaum noch jemand. Um 1900 aber war das Stück so erfolgreich, dass der Autor von den Tantiemen sich ein Haus kaufen konnte, im italienischen Salò, am Ufer des Gardasees.

Es trug den Namen Villa Halkyone. Hartleben wohnte darin mit einer neuen Geliebten und deren Kindern. Auf seinem Grundstück ließ er einen zweitausend Quadratmeter großen Zypressenwald anlegen, und 1903 stiftete er die »Halkyonische Akademie für unangewandte Wissenschaften«, deren kurze Satzung lautete wie folgt: »§ 1. Die Zugehörigkeit zur Halkyonischen Akademie bringt weder Pflichten noch Rechte mit sich. § 2. Alles Übrige regelt sich im Geiste halkyonischer Gemeinschaft.«

Die Akademie hatte zahlreiche Anhänger, darunter den Architekten Peter Behrens, die Maler Emil Orlik und Alfred Kubin und den Schriftsteller Franz Blei. Auch Gerhart Hauptmann zählte zu ihnen.

Zusammenkünfte solchen Zuschnitts, die man sich als durchweg feuchtfröhlich vorstellen darf, waren Hartlebens Spezialität. Bereits als Gymnasiast hatte er eine »Bairisch-Böhmische-Bier-Vetterschaft« gegründet, die er so beschrieb: »Die braunen Bierkrüge wurden mächtig geschwungen, man kritisierte, philosophierte und schlug Autoritäten massenweise tot.« 1891 erfand er in Berlin den »Karlsbader Idealisten-Club« und rief 1896 am nämlichen Ort einen »Verbrechertisch« ins Leben, an dem unter anderem Stefan Zweig, Erich Mühsam und Else Lasker-Schüler saßen; die letzten beiden standen in Beziehung zum Friedrichshagener Dichterkreises. Der Verbrechertisch ging ursprünglich auf Ideen der Revolution von 1848 zurück und verstand sich als republikanische Institution, es gab ihn zuerst in Leipzig.

Hartleben hat nicht besonders viel geschrieben. Materiell hatte er es für eine Weile nicht nötig, außerdem hemmte der Alkoholkonsum seine Produktivität. »Ich muss sehr viel trinken, um nicht einfach verrückt zu werden«, bekannte er während seiner Friedrichshagener Zeit. »Des Morgens, wenn ich aufwache, habe ich ein Angstgefühl, das ich dir nicht beschreiben kann, und das erst nach einigen großen Gläsern Wermuts wieder weicht.«

Depressionen befielen ihn. Er suchte Sanatorien auf. Er erlebte einen schweren körperlichen Zusammenbruch. Seine Ausgaben überstiegen wieder, wie einst, seine Einkünfte. Er habe »den Aberglauben, dass ich nur noch diesen Winter zu leben habe. Das steckt mir fest im Gehirn. Weshalb auch nicht? Ich habe viel genossen.« So eine Notiz von 1902. Drei Jahre blieben ihm da noch, immerhin, dann starb er, keine einundvierzig Jahre alt.

Sein Leichnam wurde eingeäschert. Der zuvor abgetrennte Kopf sollte, nach dem Willen des Toten, in Deutschland präpariert werden. Auf dem Weg dorthin fiel der Schädel während ei-

Otto Erich Hartleben.

ner Kneipenschlägerei auf den Boden, die Umhüllung löste sich und »das Gesicht des toten Dichters«, so ist es bezeugt, »schaute die Anwesenden mit einem satirischen Lächeln an«.

Einst in seiner Friedrichshagener Zeit hatte er gedichtet:

Groß ist das Leben und reich!
Ewige Götter schenkten es uns,
lächelnder Güte voll,
uns den Sterblichen, Freudegeschaffenen.

Aber arm ist des Menschen Herz!
Schnell verzagt, vergisst es der reifenden Früchte.
Immer wieder mit leeren Händen
sitzt der Bettler an staubiger Straße,
drauf das Glück mit den tönenden Rädern
leuchtend vorbeifuhr.

Die Halkyonische Akademie hat wenigstens bis 1950 überlebt. Möglicherweise existiert sie immer noch.

Über der Wipfel Hin- und Wiederschweben

Die Friedrichshagener Hauptstraße heißt offiziell erst seit 1947 nach Wilhelm Bölsche. Sehr viel früher, nämlich 1924, wurde eine andere Straße nahebei nach Bruno Wille benannt.

Wie schon erwähnt, gelangte er gemeinsam mit Wilhelm Bölsche nach Friedrichshagen, im Jahre 1890. Da hatte er bereits ein ziemlich buntes Leben hinter sich. Geboren wurde er 1860 in Magdeburg. Nach dem Gymnasialbesuch begann er in Bonn zu studieren, zunächst evangelische Theologie, danach Mathematik, Physik und Philosophie. Er wurde als Hauslehrer tätig, was ihn bis nach Rumänien führte und dort an den Königshof. Er promovierte, über den britischen Philosophen Thomas Hobbes, er wurde Journalist, er bekannte sich als Freidenker, er wurde Sozialist, er fing an, Lyrik zu schreiben.

Stumm lag die Straße unter schwarzem Laken;
Verschlafen blinzten der Laternen Flammen;
Die öden Pflastersteine schraken
Vor meinem Schritt zusammen.
Doch mir im Haupte brandete das Blut,
Und üppig blitzten die Gedanken –
Des Hochgespräches kühne Brut,
Bei dessen wild erhabener Glut
Ich mit den Freunden saß, in feierlicher Nacht …

Das Gedicht heißt »Vorstadtlerche«, entstand wohl in Friedrichshagen und dürfte die nachmalige Bölschestraße beschreiben. Der Band, in dem es gedruckt wurde, trägt den pathetischen Titel »Einsiedler und Genosse«; der zweite Begriff war in sämtlichen Spielarten der sozialistischen Bewegung gebräuchlich, so auch bei den Anarchisten, zu denen Bruno Wille eine Zeit lang zählte. Überhaupt zeigte er sich in der Wahl seiner Weltanschauungen äußerst flexibel, Anregungen bezog er nacheinander bei dem Denker Friedrich Nietzsche und dem Anthroposophen Rudolf Steiner, dem Panpsychisten Gustav Theodor Fechner und dem Religionsgründer Gautama Buddha.

Er schrieb, die Notiz trägt den Vermerk »Friedrichshagen bei Berlin. Weihnachten 1890«:

»Der heutigen ›Kultur‹, die im Wesentlichen eine äußerliche ist, auf Bewältigung und Ausbeutung der Materie gerichtet, möchte ich eine innerliche Bildung gegenüberstellen. Aus den wüsten Steinhaufen unserer Städte, aus Unnatur und Unwahrheit, aus erschöpfender Fron und Hast, aus Sinnentaumel und Zerstreuung kann uns die Sehnsucht retten in den Hain, wo Genusssucht und Ichsorge durch Andacht und Liebe abgelöst werden, wo Baum und Fels, Wellen und Wolken unsere Geschwister sind, wo wir kindlich vertrauen dem gemeinsamen Urquell und seinem Schöpfersinn, und wo der Schönheit Gesichte Kraft spenden, der Menge Qual zu lindern und den Erlöser in uns zu wecken. Möchte der Hain mit seinem Rauschen manche Menschenseele locken, die nach Trost und Heil verlangt!«

Gemeinsam mit Bölsche und den Harts begründete er 1890 die Freie Volksbühne Berlin, gemeinsam mit Bölsche 1901 in Friedrichshagen die Freie Hochschule, eine der Vorläuferinnen späterer Volkshochschulen. Sein Friedrichshagener Freund Heinrich Hart nannte ihn einen Zweiseelenmenschen. Wille

Bruno Wille.

schrieb Sachbücher und Romane, Letztere lesen sich, als seien sie in der Zeit des jungen Wilhelm Raabe verfasst. Wegen seiner Tätigkeit für die Freidenkerbewegung wurde er zweimal inhaftiert. Er schloss zwei Ehen. Gestorben ist er 1928 in der Schweiz.

Für ein paar Jahre wurde der ehemalige Badeort im Südosten Berlins zu einem Zentrum des deutschen Naturalismus und frühen Expressionismus. Der Friedrichshagener Dichterkreis war eine informelle Vereinigung sehr unterschiedlicher Talente und Persönlichkeiten, Nachschlagewerke nennen mehr als drei Dutzend Namen. Auch die von Ausländern sind darunter, etwa der des Norwegers Arne Garborg, es sind die von zu jener Zeit renommierten Dichtern wie Richard Dehmel und Max Dauthendey. Gerhart Hauptmanns Bruder Carl gehörte dazu und Frank Wedekind.

Friedrichshagen sei »ein Zustand, eine Geistesverfassung«, schrieb der Dramatiker Max Halbe. Mit ästhetischer Programmatik hatte das ebenso viel zu schaffen wie mit den im Vergleich zu Berlin billigeren Preisen und Mieten, mit der hübschen Natur und dem guten Bier – »Bier, viel Bier, ein paar kindliche Witze, bodenlos tiefe und bodenlos langweilige theoretische Ausführungen über die Menschheit«. So der exilpolnische Literat Stanisław Przybyszewski.

Friedrichshagen, die Bohème unter den besonderen Bedingungen eines kleinbürgerlich-preußischen Kur- und Seestrandbads, war um das Jahr 1895 so etwas wie das Weimar der damaligen Literaturavantgarde und die heutige Bölschestraße gleichsam ihre Esplanade oder ihr Frauenplan.

Lebenslinien

»Ich kam nach Friedrichshagen als Mitbegründer, Mitarbeiter und verantwortlicher Redakteur der Wochenschrift ›Der arme Teufel‹, als dessen Herausgeber Albert Weidner zeichnete. Weidner war von Hause aus Setzer, die Zeitschrift wurde dadurch materialisiert, dass er sich auf Abzahlung den erforderlichen Schriftsatz kaufte; seine Artikel flossen stets ohne Manuskript aus dem Kopf in den Setzkasten, währenddem ich dabeisaß und mir bei einer Tasse Kaffee und einer Zigarre das aktuell-satirische Gedicht abquälte, das unter dem Pseudonym ›Nolo‹ jede Nummer beleben musste, oder technische Redaktionsarbeiten erledigte …

Von völlig anderem Schlage war Arthur Moeller-Bruck, ebenfalls Stammgast in unserem Kreise. Er schrieb in unendlich komplizierten Satzgefügen unheimliche Wälzer über die moderne Literatur; den holländischen Adel vor seinem zweiten Namen und die völkische Rassentheorie hatte er noch nicht entdeckt. Persönlich war er ein netter Kerl und unbeschreiblich leichtsinnig. Er ging in sehr origineller Eleganz, Monokel im Auge, langer, grauer Gummimantel, Stöckchen mit silbernem Griff und hellgrauer Zylinder.«

Dies eine Passage aus den »Unpolitischen Erinnerungen« von Erich Mühsam. Über ihn wie den im Zitat erwähnten Moeller van den Bruck sei im Folgenden die Rede.

Beginnen wir mit dem 1876 in Solingen geborenen Moeller. Van den Bruck, den vollen Geburtsnamen der Mutter, übernahm er erst relativ spät. Er entstammte gutbürgerlichen Verhältnissen, brach vorzeitig das Gymnasium ab, reiste etwas umher und erwarb allerlei kulturhistorische Kenntnisse. Er publizierte dies und das. Er war, Mühsam deutet es an, ein Dandy. Zudem sprach er gut Russisch und übertrug den gesamten Dostojewski ins Deutsche, später würde er sich mit dem exilrussischen Dichter Dmitri Mereschkowski anfreunden.

Nach dem Ende des Ersten Weltkriegs, an dem er als Freiwilliger teilgenommen hatte, wagte er sich an eine aus Preußentum und Bolschewismus montierte Ideologie, eine gute Portion Rassismus war noch dabei. Beeindruckt von dem politischen Massenaufruhr, den er 1919 in Deutschland erlebte, begriff er sich gleichermaßen als Gegner des Versailler Friedens wie der parlamentarischen Demokratie. Solche Haltung vertrat er nicht allein. Andere Anhänger dieser sogenannten Konservativen Revolution waren etwa der Schriftsteller Ernst Jünger, der Historiker Ernst Niekisch, der Publizist Hans Zehrer und der Freikorpsmann, Rathenau-Attentäter und Literat Ernst von Salomon.

Moeller galt als ihr Vordenker. Er wurde es durch sein 1923 veröffentlichtes Buch »Das dritte Reich«. Den Titelbegriff hatte Adolf Hitlers späterer Leibdramatiker Hanns Johst ersonnen, populär und zum Aliasnamen der Nazi-Diktatur machte ihn Moeller van den Bruck. Es ging ihm um die Utopie eines anderen Staates, dessen »deutsche Führung sollte sich in der dritten Partei sammeln und sollte als Partei über den Parteien stehen. Nicht in der Konzession an die Mitte konnte ihre Gestaltung liegen, sondern sie musste von den politischen Rändern her und ihrer die Mitte zermürbenden Radikalisierung ausgehen … Diese Führerschicht mit einem konservativ-revolutionären Sozialismus verbinden hieß eine neue sozialaristokratische Regierung fordern.«

Er war ein geistiger Vorbereiter der Nazis und war es nicht. Den Hitler-Putsch 1923 lehnte er ab, Hitler sei »an seiner proletarischen Primitivität gescheitert«. Ob er sein Negativurteil über den späteren Diktator beibehalten oder revidiert hätte, ist schwer zu sagen, da er bereits 1925 starb. Hitler-Gegner innerhalb der Nazi-Partei beriefen sich gern auf ihn, voran Otto Strasser; heute ist er so etwas wie der Ahnherr einer intellektuellen Neuen Rechten.

Alles andere als politisch rechts stand sein Leben hindurch Moellers Friedrichshagener Gefährte Erich Mühsam. Der 1878 in Berlin Geborene wuchs in Lübeck auf, wo sein Vater Apotheker war. Den gleichen Beruf erlernte auch der junge Erich, der es aber dann vorzog, in die schöne Literatur zu desertieren.

Bereits als Schüler hatte er freche Verse produziert. Er war ein satirisches Talent von Graden, in seinen Überzeugungen stand er immer radikal links. Dass er nach Friedrichshagen ging, war wohl auch dem Einfluss von Bruno Wille zu danken, Erich Mühsam war und blieb ein politischer Anarchist.

Kein Schlips am Hals, kein Geld im Sack.
Wir sind ein schäbiges Lumpenpack,
auf das der Bürger speit.
Der Bürger blank von Stiebellack,
mit Ordenszacken auf dem Frack,
der Bürger mit dem Chapeau claque,
fromm und voll Redlichkeit.

Der Bürger speit und hat auch recht.
Er hat Geschmeide gold und echt. –

Wir haben Schnaps im Bauch.
Wer Schnaps im Bauch hat, ist bezecht,
und wer bezecht ist, der erfrecht
zu Dingen sich, die jener schlecht
und niedrig findet auch.

Seine Verse fanden Eingang in die Spielpläne von Kabaretts und wurden von satirischen Zeitschriften gedruckt. Wie Wille saß auch Mühsam in Haft, wegen »Geheimbündelei«, später ging er nach München und freundete sich dort an mit Oskar Maria Graf und Lion Feuchtwanger. 1915 heiratete er Kreszensia Elfinger, genannt Zensl, die auch politisch seine enge Gefährtin war.

1918/19 gehörte er, wie auch sein Freund Gustav Landauer, zu den Anführern der Novemberrevolution in München und der sich anschließenden Räterepublik. Nach deren gewaltsamem Ende, Landauer wurde erschossen, stand Mühsam vor Gericht und wurde zu fünfzehn Jahren Festungshaft verurteilt. 1924 kam er vorzeitig frei. In der Folge näherte er sich den Kommunisten und entzweite sich von ihnen wieder. 1933 verhaftete ihn Hitlers SA und sperrte ihn in das Konzentrationslager Oranienburg, wo er sechzehn Monate saß, bis ihn die Wachen erschlugen und seine Leiche aufknüpften. »Der Jude Erich Mühsam hat sich in der Schutzhaft erhängt«, lautete die offizielle Mitteilung.

Seine Frau Zensl flüchtete, übrigens entgegen seiner Warnung, in die Sowjetunion. 1936 wurde sie dort erstmals verhaftet wegen »konterrevolutionärer trotzkistischer Tätigkeit«. Fortan saß sie, mit kleinen Unterbrechungen, in verschiedenen stalinistischen Straflagern, erst nach Stalins Tod kam sie wieder frei und ging in die DDR. Damals bin ich ihr flüchtig begegnet, im Ostberliner Aufbau-Verlag, einer weißhaarigen, erschöpften Frau, die über ihr Schicksal schweigen musste, von dem gleichwohl

Erich Mühsam.

viele wussten und das ihr so etwas wie eine schwarze Aura verlieh. 1962 ist sie in Ostberlin gestorben.

Die Lebenslinien Moellers und beider Mühsams umschreiben, jede auf ihre Weise, die Schreckensherrschaften des 20. Jahrhunderts. Auf der heutigen Bölschestraße in Friedrichshagen haben sie einander berührt.

Kronen schlanker Märchenbäume

Ein Anarchist seiner zeitweiligen politischen Überzeugung zufolge und lebenslang in seinem persönlichen Auftreten war Peter Hille. Auch nach ihm heißt heute in Friedrichshagen eine Straße. Mit dem Künstlerkreis dort kam er zunächst in Kontakt durch die Gebrüder Hart, die wie er aus Westfalen stammten. Bei Julius Hart hat er eine Zeit lang gewohnt.

Er wurde 1854 geboren. Das Gymnasium verließ er vor der Zeit und arbeitete dann in einem Anwaltsbüro und als Korrektor in einer Druckerei. Er begann, in Zeitschriften zu publizieren. Er reiste nach England, wo er in Elendsquartieren hauste. Zurückgekehrt nach Deutschland fiel ihm eine Erbschaft zu, die er freilich nicht für sich selber verbrauchte, sondern einer niederländischen Wanderbühne zuschob.

Immer wieder war er obdachlos. Die Friedrichshagener unterstützten ihn finanziell. Der rauschebärtige Mann mit dem Schlapphut erregte immerhin die Aufmerksamkeit des berühmten Impressionisten Lovis Corinth, der ein Porträt von ihm schuf.

Er infizierte sich mit Tuberkulose. Kurzzeitig betrieb er ein Kabarett, dieweil sich sein Lungenleiden verschlimmerte. 1904 ist er in Berlin gestorben.

In seinen Versen finden sich Reflexe der Landschaften um Friedrichshagen:

Wie deine grüngoldenen Augen funkeln,
Wald, du moosiger Träumer!
Wie deine Gedanken dunkeln,
Einsiedel, schwer von Leben,
Saftseufzender Tagesversäumer

Über der Wipfel Hin- und Wiederschweben
Wie's Atem holt und näher braust,
Und weiter zieht –
Und stille wird –
Und saust.
Baut heiß und gleißend, schwer und schwarz sich auf.

Von den Friedrichshagenern hat sich zumal die Dichterin Else Lasker-Schüler um ihn gekümmert. Für ihn war sie der »schwarze Schwan Israels, eine Sappho, der die Welt entzwei gegangen ist. Strahlt kindlich, ist urfinster. In ihres Haares Nacht wandert Winterschnee. Ihre Wangen feine Früchte, verbrannt vom Geiste.«

Zwei Jahre nach Hilles Tod gab Else Lasker-Schüler einen Erinnerungsband für den Freund heraus. Die Porträtzeichnung auf dem Umschlag, im Profil und ohne Bart, stammt von ihr, sie war auch bildnerisch begabt. Dem »St. Hille«, wie sie ihn nannte, widmete sie ein Liebesgedicht:

Und in den Kronen schlanker Märchenbäume
Harrt meine Unschuld unter Wolkenflor,
Und meine ersten, holden Kinderträume
Erwachen vor dem goldnen Himmelstor.
Und wenn wir einst ins Land des Schweigens gehen,
Der schönste Engel wird mein Heil erflehn
Um Deiner Liebe willen.

Peter Hille.

Else Lasker-Schüler gehört zu den der ganz großen Figuren der neueren deutschen Literaturgeschichte; in der männlich dominierten Friedrichshagener Dichterszene war sie eine der wenigen Autorinnen. Geboren wurde sie 1869 in Wuppertal, in eine jüdische Großbürgerfamilie; ihr Vater war Bankier, ihre Mutter war eine Ziehtochter von Leopold Sonnemann, dem Verleger der liberalen *Frankfurter Zeitung*. Else selbst würde später einen Bruder des Schachweltmeisters Emanuel Lasker heiraten.

Da lebte sie bereits in Berlin. Sie wurde Mutter eines Sohnes und veröffentlichte ihren ersten Gedichtband. Ihre Ehe wurde nach neun Jahren geschieden, worauf sie umgehend den Schriftsteller und Galeristen Georg Lewin heiratete; dem erfand sie jenes Pseudonym, unter dem er berühmt wurde: Herwarth Walden. Auch diese Ehe sollte scheitern.

Sie war eine knabenhaft schmale, großäugige Person. Sie war rastlos, hochempfindlich, hochbegabt, schwärmerisch und etwas schrill. Die Zahl der Männer, mit denen sie in nähere Verbindung trat, ist beträchtlich, neben den Ehegatten und Peter Hille waren das etwa: der Maler Franz Marc, der Architekt Adolf Loos, der Religionsphilosoph Martin Buber, der Schriftsteller Karl Kraus. Eine leidenschaftliche Liebesaffäre verband sie mit dem Arzt und Lyriker Gottfried Benn. Sie nannte ihn Giselher und schwärmte ihn an in Versen:

Wie kann ich dich mehr noch lieben?
Ich sehe den Tieren und Blumen
Bei der Liebe zu.

Küssen sich zwei Sterne,
Oder bilden Wolken ein Bild –
Wir spielten es schon zarter.

Else Lasker-Schüler.

Und deine harte Stirne,
Ich kann mich so recht an sie lehnen,
Sitz drauf wie auf einem Giebel.

Und in deines Kinnes Grube
Bau ich mir ein Raubnest –
Bis – du mich aufgefressen hast.

Find dann einmal morgens
Nur noch meine Kniee,
Zwei gelbe Skarabäen für eines Kaisers Ring.

Der Geliebte entgegnete:

Du bist Ruth. Du hast Ähren an deinem Hut.
Dein Nacken ist braun von Makkabäerblut.
Deine Stirn ist fliehend: Du sahst so lange
Über die Mandeln nach Boas aus.
Du trägst sie wie ein Meer, dass nichts Vergossenes
Im Spiel die Erde netzt.

Solche lyrischen Dialoge gibt es etliche. Wenn Benn dabei den Namen der alttestamentarischen Ruth verwendet, spielt er zunächst auf die jüdische Herkunft der Geliebten an. Außerdem gehörte die Erwähnung der biblischen Ruth zum damals üblichen Ritual protestantischer Trauungen, und Gottfried Benn stammte aus einem evangelischen Pfarrhaus.

Außer biblischen Anspielungen kommt in beider Liebesverse viel märkische Natur vor, Wasser, Ufer, Pflanzen. Vorstellbar, dass sie gemeinsam in Friedrichshagen die heutige Bölschestraße zum Müggelsee gingen. Wir wissen es nicht.

Else Lasker-Schüler erfand sich eine bizarre Traumwelt aus nahöstlichen, asiatischen und biblischen Versatzstücken. Ihre 1907 erschienene Prosasammlung hieß »Die Nächte des Tino von Bagdad«, sie selber nannte sich gerne Prinz Jussuf von Theben und trat öffentlich in entsprechender Kostümierung auf: glänzender Hosenanzug, hochhackige Schuhe, das Haar gestutzt, spielend auf einer Flöte. Inzwischen lebte sie ohne festen Wohnsitz, sie saß und schrieb in Kaffeehäusern. Manchmal wurde sie von einer Berliner Parkbank aufgelesen, auf der sie übernachtet hatte.

Der Tonfall ihrer Verse geriet zumal in der Zeit, da sie mit Benn lebte, immer überraschender und kühner. Ihr Ehemann Herwarth Walden gab mit dem *Sturm* eine führende Zeitschrift für avantgardistische Kunst heraus, in der auch ihre Verse erschienen. Sie wurde zur wichtigsten weiblichen Stimme des literarischen Expressionismus in Deutschland.

1919 erfolgte die Uraufführung ihres Theaterstücks »Die Wupper«, das sie bereits elf Jahre zuvor verfasst hatte: eine Hommage an ihre Geburtsstadt und auch an ihr Elternhaus, dabei höchst kritisch und unbestechlich im Blick auf soziale Zustände, die bürgerlichen wie die plebejischen. Sie produzierte und publizierte emsig. Von ihrem Prosaband »Der Malik« lieh sich der zu jener Zeit berühmte Buchverlag des Kommunisten Wieland Herzfelde seinen Namen.

1933 musste sie emigrieren. Sie ging erst nach Zürich, dann nach Palästina, in ihr »Hebräerland«. Ihre letzte erotische Leidenschaft galt dem dreißig Jahre jüngeren Wissenschaftler Ernst Simon.

Komm zu mir in der Nacht – wir schlafen engverschlungen.
Müde bin ich sehr, vom Wachen einsam.

Ein fremder Vogel hat in dunkler Frühe schon gesungen,
Als noch mein Traum mit sich und mir gerungen.

Sie lebte von privaten Unterstützungen. Ihre letzte Buchveröffentlichung war 1943 der schmale Gedichtband »Mein blaues Klavier«. 1945 ist sie gestorben. Sie wurde auf dem Ölberg in Jerusalem begraben.

Der expressionistische Dichter Klabund sagte über sie:

»Else Lasker-Schüler trägt ihr Herz an einer goldenen Kette um den Hals. Sie ist ohne Scham: jeder darf es betrachten ... Sie liebt nur sich, weiß nur von sich. Die Objekte ihres Herzens ... sind Bleisoldaten; und wenn sie von ihnen spricht, bluten die Worte aus ihr heraus.«

Das tägliche Leben geht seinen Gang

1892 lebte der Dramatiker und Epiker August Strindberg in Friedrichshagen. Schwedens heute berühmtester Dichter, damals dreiundvierzig Jahre alt, kam nach Berlin mit einem Eisenbahnticket, das ihm sein zehn Jahre jüngere, damals in Friedrichshagen lebender Freund, der schwedische Autor Ola Hansson bezahlt hatte.

Hinter Strindberg lagen berufliche Versuche als Prediger, als Lehrer, als Scharfschütze, als Medizinstudent, als Journalist und als Bibliothekar. Sein erster Roman hieß »Das rote Zimmer«, eine bald darauf erschienene Novellensammlung trug ihm eine Anklage wegen Gotteslästerung ein. Er heiratete die finnlandschwedische Schauspielerin Siri von Essen, mit der er eine äußerst konfliktreiche Ehe führte; bei seinen späteren Ehen würde sich das genau so wiederholen. Die Frauenporträts in seinen Arbeiten sind gnadenlos böse, er galt und gilt als ein »Weiberfeind«.

Er reiste ins Ausland. Er war von einer fast manischen Arbeitswut. Er trank zu viel. Er litt unter Depressionen. Als er nach Deutschland kam, hatte er zwei seiner bekanntesten Dramentexte bereits veröffentlicht, »Der Vater« und »Fräulein Julie«. Am Ende würde er es auf mehr als sechzig Theaterstücke, zehn Romane, zehn Novellensammlungen und mehr als achttausend Briefe bringen.

Er hing nacheinander dem Sozialismus, dem Anarchismus, der Philosophie Friedrich Nietzsches und dem Okkultismus seines Landsmannes Emanuel Swedenborg an. Er hat sich außerdem als Fotograf und Maler betätigt, zumal zu Beginn der 1890er Jahre, seine Bilder dürfen einigen Rang beanspruchen, große Museen in Europa zeigen sie. Meist handelt es sich um kleine Formate: Er wollte, sagte er selbst, die Arbeit daran möglichst rasch abschließen. Die Sujets sind vorwiegend Landschaften, die Farben wurden stets mit dem Spachtel aufgetragen, Begründung: »Ich besitze keinen Pinsel.«

In Friedrichshagen genoss er die Gesellschaft von seinesgleichen. Um hier länger zu bleiben, war er zu unstet. Er zerstritt sich mit Hansson, und zumal mit dessen Frau, der Autorin Laura Marholm, er ging nach Berlin und soff in der Künstlerkneipe »Zum schwarzen Ferkel«, sie befand sich nahe dem Brandenburger Tor, und auch andere Friedrichshagener verkehrten dort, voran Erich Mühsam. Strindberg traf sich mit dem zu jener Zeit noch unbekannten Maler Edvard Munch aus dem norwegischen Bergen, den ähnliche psychische Krisen heimsuchten wie ihn.

Er lernte seine spätere zweite Frau kennen, eine österreichische Journalistin. Er heiratete sie, zerstritt sich mit ihr und erfuhr einen schweren seelischen Zusammenbruch. 1897 veröffentliche er einen autobiografischen Text, »Inferno«, in dem das »Tagebuch eines Wahnsinnigen« steht:

»Die Sonne scheint, das tägliche Leben geht seinen Gang, der geschäftige Lärm des Tages ermuntert die Lebensgeister. Dann erhebt sich der Mut der Empörung, und man stürmt mit herausfordernden Zweifeln den Himmel.

Wenn aber Nacht, Stille und Einsamkeit herabsinken, zerstiebt der Stolz, das Herz klopft, und die Brust krampft sich zusammen. Dann springt ihr aus dem Fenster in die Dornenhecke

August Strindberg.

und bittet fußfällig den Arzt, euch zu helfen und sucht einen Gefährten, der mit euch zusammen schlafe.

Tretet allein wieder in euer Zimmer, und ihr werdet jemanden da finden; er ist unsichtbar, aber ihr fühlt die Gegenwart dieses Unsichtbaren. Geht dann hinüber ins Irrenhaus und fragt den Irrenarzt, so wird er euch etwas über Neurasthenie, Paranoia, *angina pectoris* und dergleichen vorfabeln, aber euch niemals heilen!

Wohin also wollt ihr gehen, ihr alle, die ihr in eurer Schlaflosigkeit Straße um Straße durchirrt, den Tagesanbruch heranzuharren?«

Als Kulisse, als Schauplatz des Geschehens darf man sich auch die nunmehrige Bölschestraße in Friedrichshagen denken.

Erinnernde Namen

Warum wird das alles hier so ausführlich dargetan? Weil es zu Friedrichshagen gehört. Weil das Literarische über Friedrichshagen hängt wie eine unsichtbare Wolke. Weil der Verfasser dieses Textes seinerseits ein Literat ist.

Nun ist der Begriff Friedrichshagener Dichterkreis immer noch in vieler Munde, aber eine detaillierte Kenntnis findet kaum mehr statt. Immerhin, fünf Straßen Friedrichshagens heißen nach Angehörigen des Kreises, freilich wissen nur noch wenige, wer die Namensspender waren und was sie schrieben. Dies ist bei Straßennamen auch sonst nicht unüblich. Weiß denn noch jemand, wer jener Tauentzien war, nach dem eine berühmte Berliner Einkaufsstraße heißt? Oder dass die Friedrichstraße in Berlin-Mitte nicht nach Fridericus Rex benannt wurde, sondern nach dessen Großvater?

Das alles hat mit Geschichtskenntnis, mit Geschichtssinn und Geschichtsbewusstsein zu tun, deren Medien unter anderem das Buch und die schöne Literatur sind. Beides befindet sich in einer latenten Krise. Gemeint ist nicht der Konflikt zwischen analog und digital, zwischen Papier und Display, der Bildschirm kann durchaus Historie und Poesie befördern, jedenfalls bietet er es reichlich an. Man müsste nur danach greifen oder, besser, klicken, was freilich irritierend selten geschieht. Wir leben in einem Zeitalter der hemmungslosen Gegenwärtigkeit, der viel-

Müggelseedamm Nummer 254 (links) mit der Gedenktafel für Wilhelm Bölsche.

fachen Zerstreuungen, des kurzen Atems und des anstandslosen Vergessens. Etwas in mir rebelliert dagegen. Ich möchte, dass Vergangenheit bewahrt und erinnert wird, weswegen ich meine Prosa immer wieder damit belade.

»Bald – und du hast alles vergessen. Bald – und alles hat dich vergessen«, heißt es ganz richtig bei Marc Aurel, dem römischen Kaiser mit den philosophischen Selbstbetrachtungen. »Alles, was man vergessen hat, schreit im Traum um Hilfe«, heißt es bei Elias Canetti, dem österreichischen Literaturnobelpreisträger spaniolischer Herkunft.

Manche Leute nennen die Hauptstraße Friedrichshagens gern »die Bölsche«. Als handle es sich um einen Flurnamen, vergleichbar der Wiesche oder der Neiße. Dahinter verschwindet der eigentliche Namensgeber fast völlig. Die metallene Gedenktafel für ihn hängt übrigens nicht auf der Bölschestraße, sondern dort, wo diese endet, nämlich auf dem Müggelseedamm, an dem Haus mit der Nummer 254, als einziger Friedrichshagener Autor, der sich ein eigenes Haus zusammenschreiben konnte.

Menschliche Interaktion

Der zu Zeiten prominente und erfolgreiche Jugendstilmaler Fidus lebte für eine Weile in Friedrichshagen. Er hat manche Bücher der Friedrichshagener Dichter illustriert, er hat Grafiken für das sozialdemokratische Parteiblatt *Vorwärts* geschaffen, sein Vorzugsmotiv waren nackte Menschen, die sich der Sonne entgegenstrecken, er nannte das »Lichtgebet«. Später zog er ins nahe Woltersdorf, wo er sich ein selbst entworfenes Haus erbaute, darin dem Nudismus nebst der freien Liebe huldigte und noch später seine Sympathien für den Vegetarier Adolf Hitler entdeckte.

Auch die Prominenz des Literaturbetriebs ging nach einer Weile aus Friedrichshagen wieder fort. Das Weimar des Naturalismus begann sich zu entleeren, wie sich auch der Naturalismus verabschiedete zugunsten von Neuromantik und Expressionismus. Lediglich die Gründer des Friedrichshagener Dichterkreises hielten noch länger an der Ortschaft fest, wiewohl mit Unterbrechungen. Einer ihrer unerschütterlichen Anhänger war ein Literat und Übersetzer namens Wilhelm Spohr.

Er stammte aus Hamburg, war gelernter Feinmechaniker und engagierte sich für die Freidenkerbewegung. Er gehörte zu den Gründern der Freien Volksbühne, publizierte in anarchistischen und anderen linken Gazetten, er betätigte sich volkspädagogisch. Er hat bis 1933 in Friedrichshagen gelebt, zu seinen vielen

Publikationen gehört eine erste Monografie über seinen Freund Fidus. Eine andere Liebe galt dem heute etwas vergessenen Autor und Anarchisten Multatuli, der eigentlich Eduard Douwes Dekker hieß und dessen wichtigstes Buch der autobiografische Roman »Max Havelaar« war. Um seinetwillen erlernte Spohr das Niederländische, damit er die Multatuli-Texte ins Deutsche übertragen konnte.

Die Erinnerungen an seine Friedrichshagender Dichterfreunde rettete er über zwei Weltkriege. »In meisterlich belebten Bildern«, schreibt er über Wilhelm Bölsche, »malte er dem Leser schlichte, nüchterne Vorgänge in der Natur nicht nur allgemein-verständlich, sondern auch dichterisch beleuchtet und zu vertiefter Auffassung anregend.« 1950 veröffentlichte er ein Erinnerungsbuch, das so etwas wie ein lokaler Klassiker wurde, »O ihr Tage von Friedrichshagen!«, der Titel wiederholt einen Ausspruch von Heinrich Hart.

»Manchem ist die Berührung mit dem Friedrichshagener Kreise als bedeutsam in Erinnerung geblieben, wessen Leben aber enger mit ihm verknüpft war, dem gilt seine Friedrichshagener Zeit als eine menschlich und kulturell erhebliche Periode des Lebens«, heißt es bei Spohr. »Der Ort hatte seine eigene Atmosphäre, die vor allem für den Kreis der Eingeweihten spürbar war, und im Besonderen war das auf Freundschaft und vielfältiger Arbeitsgemeinschaft beruhende gesellige Leben des Friedrichshagener Kreises anregend und einzigartig.«

Wilhelm Spohr rettete sich mehr als mühselig über die Jahre der Hitler-Diktatur. Sein Archiv mit Dokumenten zur linkssozialistisch-anarchistischen Bewegung vergrub er so gründlich, dass fast alles verfaulte. Gestorben ist er erst 1959, im Alter von einundneunzig. Im benachbarten Schöneiche, wo er eine Zeit lang lebte, hat man ihn beigesetzt.

Zeichnung von Fidus Wilhelm Bölsche zu Ehren.

Als der erste der beiden großen Kriege des 20. Jahrhunderts eben vorüber war, 1918, hisste auch das an der heutigen Bölschestraße befindliche Friedrichshagener Rathaus die rote Fahne. Der Ort wurde für eine Weile von einem Arbeiter- und Soldatenrat regiert. Dies geschah gemeinsam und in voller Übereinstimmung mit dem bereits zu Kaisers Zeiten amtierenden Bürgermeister: Nicht nur die Bohème, auch die Revolution zeigte deutlich den unerschütterlichen Zuschnitt eines kleinbürgerlichen Kurbetriebs.

Im Jahre 1900 war statt der bisherigen Eisenbahnhaltestelle eine repräsentative Bahnstation entstanden, im neogotischen Stil, mit gusseisernen Säulen, wenn auch ohne eigentliches Bahnhofsgebäude; leicht verändert existiert sie bis heute, sieht immer noch sehr würdig aus und eröffnet die Bölschestraße von Norden her. Anstelle der alten Dorfkirche wurde eine neue, größere gebaut und nach dem heiligen Christophorus benannt, auch sie steht äußerlich unverändert bis heute, lediglich die Turmspitze ist auf die Hälfte verkürzt.

1920 erfolgte die gesetzlich begründete Bildung der Stadtgemeinde Groß-Berlin. Friedrichshagen wurde mitsamt den Nachbarortschaften Rahnsdorf, Hessenwinkel und Wilhelmshagen zu dem bis dahin gleichfalls selbstständigen Köpenick geschlagen und war nunmehr Teil des 16. Berliner Verwaltungsbezirks.

Die Bautätigkeit ging weiter. Am südlichen Ende der heutigen Bölschestraße entstand 1926/27 ein hundertzwanzig Meter langer und fünf Meter breiter Fußgängertunnel unter der Spree. Im benachbarten Müggelpark gab und gibt es ein Anlagestelle für Ausflugsdampfer, die während des Sommers unterwegs sind nach Woltersdorf und nach Treptow.

Beamtensiedlungen und gehobene Wohnbaugesellschaften folgten. Der Ort wurde zum Lebensraum einer gehobene *petite*

Christophoruskirche.

bourgeoisie und seine Friedrichstraße ihre Promeniermeile. Im Jahr 1933 kam es zu zahlreichen politische Mitläufern und etwas politischem Widerstand.

Der sechs Jahre später ausbrechende Krieg verschonte die Ortschaft von Flächenbombardements und Artilleriebeschuss. Nach seinem Ende zog die sowjetische Besatzungsmacht ein, und bald kam es zum Realsozialismus in den Farben der DDR. Die Friedrichstraße musste nunmehr, der antiprussischen und zumal antifritzischen Stimmung des aktuellen Zeitgeistes folgend, einen neuen Namen annehmen. Auf Wilhelm Spohrs Betreiben hin entschied man sich für Wilhelm Bölsche. Das war ziemlich weise; anderswo im Land hatte man in vergleichbaren Fällen Josef Stalin, Wladimir Iljitsch Lenin oder Ernst Thälmann gewählt, was in den darauffolgenden Jahrzehnten neuerliche Umbenennungen nach sich ziehen konnte.

»Sobald die Straßen Namen tragen, besitzt das Straßennetz Kennzeichen, die die Ordnung überschaubar und für menschliche Interaktion und Kommunikation nutzbar machen. Straßennamen stützen also die Funktion der Straßen bzw. machen die Funktion erst evident«, schreibt in einem internationalen Handbuch für Onomastik, also Namensforschung, die Autorin Elisabeth Fuchsbauer-Weiss. »Als Bezeichnung für öffentlichen Grund besitzen sie Öffentlichkeits- und damit auch offiziellen Charakter«, sagte sie noch und: »Sie transportieren, ob gewollt oder ungewollt, Botschaften ihrer Namensgeber und -benutzer.«

Der neue Kreis

Ging mit dem allmählichen Verschwinden der meisten Dichter aus dem Zeitalter des Naturalismus die literarische Präsenz Friedrichshagens völlig zu Ende? Dem war nicht so, und nicht allein der alte Wilhelm Spohr stand für Kontinuitäten. Im Zeichen der DDR vollzog sich nunmehr eine andere Karriere des Berliner Stadtteils.

1949 zog hierher Johannes Bobrowski. Sein Brotberuf war der eines Verlagslektors, seinen Rang machten Gedichte und Prosabücher. Er stammte aus Tilsit, die verlorene Heimat am Unterlauf der Memel blieb das zentrale Thema seiner Texte, er bedachte es mit Melancholie, mit Kenntnis der ethnischen und historischen Verwerfungen, die jene Region bis in die Gegenwart hinein erfuhr. 1961 erschien von ihm der Lyrikband »Sarmatische Zeit«, der ihn bekannt machte, es folgten etliche literarische Preise und Einladungen, das Jahr darauf erschien ein zweiter Band mit Gedichten, »Schattenland Ströme«. Er nahm teil an Tagungen der Gruppe 47, Westdeutschlands einflussreicher Schriftstellervereinigung, er schrieb zwei Romane und etliche Erzählungen.

»Er sagte: ›Ich will 125 Gedichte schreiben, das Ganze ordentlich verteilt auf drei Bücher, das ist dann alles, und ich leg mich ins Grab.‹ Das war der freudig betrunkene, schwafelnde und private Beginn seiner öffentlichen Existenz (sie war beabsichtigt und unvermeidbar), der Anfang des überstürzten Ruhms, der enthusiastischen, fragwürdigen und falschen Bestätigungen, der Verpflichtungen im eigenen Staat und im literarisch wichtigen Westen; der Podiumsdiskussionen, Doktorarbeiten, zahllosen Bruderschaften und literarischen Ehrungen; und es war der Beginn der Ermüdung, der enttäuschenden Freundschaften und enttäuschten Freunde, der Hektik, des Zeitmangels, des Schlafmangels und der Alpträume; der offenen Arme im Westen und der Vereinnahmung durch die DDR, der Interpretationen, Opernlibretti, Interviews, unabweisbaren Mitgliedschaften und Massenbesuche aus dem Ausland. Es war der Beginn einer gefährlich beschleunigten Melancholie und der endgültige Auftakt seines Sterbens. Es war der noch unsichtbare Grundstein des Todes.«

So der Dichter Christoph Meckel, einer seiner Freunde, der in Schöneiche nahe Friedrichshagen groß geworden ist. Der Tod, dessen Grundstein hier benannt wird, geschah 1965. Seinen Ruhm hat Bobrowski gerade vier Jahre erlebt. Er hielt nach seinem Tod noch eine Weile an, dann verging er, sehr allmählich, um heute einigermaßen verblasst zu sein.

Die Region, in der er immerhin sechzehn Jahre gelebt hat, Berlin-Friedrichshagen und die Ufer des Müggelsees, kommen in seinen Texten nur selten vor.

Mit Regensegeln umher
fliegt, ein Geheul,
der Wasserwind.
Eine blaue Taube
hat die Flügel gebreitet
über den Wald.
Schön im zerbrochenen Eisen

Johannes Bobrowski.

der Farne
geht das Licht
mit dem Kopf eines Fasans.

Atem,
ich sende dich aus,
find dir ein Dach,
geh ein durch ein Fenster, im weißen
Spiegel erblick dich,
dreh dich lautlos,
ein grünes Schwert.

Das Gedicht heißt »Kalmus«. Die so benannte Pflanze, *Acorus calamus*, gedeiht in sumpfigem Ufergelände, man darf an die Ränder des Müggelsees denken.

Seufzen wird weiter das Wasser. Im Moorgrund die Sandader wandert
weiter, und weiter ertönt klirrend die Uhr an der Wand,
weiter will singen das Spielwerk, es ist noch die Feder gezogen –
nur die euch hörte, ging fort, Glocken und Pfeifen, schweigt still.

Auch das meint die märkische Landschaft. Es geht um Innehalten, um Ende vielleicht und ums Sterben. Man könnte meinen, der Dichter rede hier ahnungsvoll von sich selbst.

Er war praktizierender Christ. Er liebte Sakralmusik, voran Buxtehude, er sang im Kirchenchor von St. Christophorus an der Bölschestraße, auf dem nahe gelegenen Friedhof, der zu diesem Gotteshaus gehört, liegt er begraben.

Christoph Meckel sagt, er sei »freudig betrunken« gewesen. Tatsächlich hatte er einen starken Hang zum Hochprozentigen, was ihm einige Gleichgestimmte zu engen Freunden machte. Sie waren Literaten wie er. Sie waren trinkfest wie er. Sie hießen Manfred Bieler, Günter Bruno Fuchs und Robert Wolfgang Schnell. Bieler lebte damals in der DDR, die beiden anderen waren Westberliner. Gemeinsam zechten sie in Bobrowskis Wohnung, gemeinsam zogen sie durch die Kneipen an der Bölschestraße. Sie gaben sich auch einen Namen, Neuer Friedrichshagener Dichterkreis, und sie verfassten dafür kurze Statuten, deren Wortlaut an Otto Erich Hartlebens Paragraphen für eine Halkyonische Akademie erinnert:

»Der Friedrichshagener Dichterkreis steht auf dem Boden Friedrichshagens und sieht seine Aufgaben in der Beförderung der schönen Literatur und des schönen Trinkens. Das Zentralorgan des Friedrichshagener Dichterkreises ist die Leber. Besondere Mitteilungen erfolgen durch das Herz.«

Günter Bruno Fuchs, Sänger des Berliner Subproletariats mit seinen Pennern, Säufern und Obdachlosen, hat das in den Statuten zitierte Zentralorgan besonders eifrig bedient, auch literarisch.

Wir bleiben.
In der Wohnküche empfängt uns
der sechzigjährige Mond. Er ist alt geworden
mit uns, das sollten Sie wissen. Wir
reden unsren Vätern nicht nach: Ihr habt uns
Schnaps holen lassen. Wir sind im Treppenhaus
umgekehrt und niemals wiedergekommen. Sagen Sie ruhig
Mischpoke zu uns, das wird Ihnen
keiner verübeln.

Dem Neuen Friedrichshagener Dichterkreis war kein langes Leben beschieden. Bieler emigrierte erst nach Prag, dann nach München, wo er starb. Auch Fuchs und Schnell sind lange tot. Bobrowski ging ihnen allen voran; sein Nachlass befindet sich im schwäbischen Marbach, seine Wohnung in Friedrichshagen war eine Weile Gedenkstätte, Friedrichshagens öffentliche Bibliothek trägt seinen Namen.

Volltrunkenes Torfmoos

Nach Bobrowski wurde der Berliner Ortsteil im Südwesten noch einmal Wohnsitz eines namhaften Lyrikers, vierzig Jahre lang. Er hieß Karl Mickel. Er wohnte am südlichen Ende der Bölschestraße, unweit des Müggelsees. Die ständige Nähe des größten Binnengewässers der Hauptstadt hat ihn zu einem langen Gedicht inspiriert, das auch seine bekannteste Arbeit wurde. Es heißt »Der See« und ist die vermutlich wortmächtigste Versschöpfung, die jemals in Friedrichshagen für Friedrichshagen gemacht worden ist:

See, schartige Schüssel, gefüllt mit Fischleibern
Du Anti-Himmel unterm Kiel, abgesplitterte Hirnschal
Von Herrn Hydrocephalos, vor unsern Zeitläuften
Eingedrückt ins Erdreich, Denkmal des Aufpralls
Nach rasendem Absturz: du stößt mich im Gegensinn
Aufwärts, ab, wenn ich atemlos nieder zum Grund tauch
Wo alte Schuhe zuhaus sind zwischen den Weißbäuchen.

Das ist erst einmal der große naturpoetische Gestus aus klassisch-romantischer Tradition. Der Dichter kannte sich gut darin aus. Besonders schätzte er Hölderlin, dessen Geist man in diesen Versen zu spüren meint, unter anderem.

So geht es dann weiter:

Totes gedeiht noch! An Ufern, grindigen Wundrändern
Verlängert sichs, wächsts, der Hirnschale Haarstoppel
Borstiges Baumwerk, trägfauler als der Verblichene
(Ein Jahr: ein Schritt, zehn Jahr: ein Wasserabschlagen
Ein Jahrhundert: ein Satz). Das soll ich ausforschen?
Und die Amphibien. Was sie reinlich einst abschleckten
Koten sie tropfenweis voll, unersättlicher Kreislauf
Leichen und Laich.

Was scheinbar antikisch beginnt (wobei der Herr Hydrocephalos kein überlieferter Hellenengott ist, der Name steht vielmehr für die klinische Anomalie Wasserkopf), wird im Folgenden eine beherzte Wendung hin zum Organisch-Verderblichen. Gottfried Benn scheint jetzt näher als Hölderlin.

Es geht noch weiter:

Also bleibt einzig das Leersaufen
Übrig, in Tamerlans Spur, der soff sich aus Feindschädel-
Pokalen eins an (»Nicht länger denkt der Erschlagene«
Sagt das Gefäß, »nicht denke an ihn!« sagt der Inhalt).
So fass ich die Bäume (hoffentlich halten die Wurzeln!)
Und reiße die Mulde empor, schräg in die Wolkenwand
Zerr ich den See, ich saufe, die Lippen zerspringen
Ich saufe, ich saufe, ich sauf – wohin mit den Abwässern!
See, schartige Schüssel, gefüllt mit Fischleibern:

Durch mich durch jetzt Fluss inmitten eurer Behausungen!
Ich liege und verdaue den Fisch…

Übrigens geht es danach weiter und weiter. Hier aber ist es längst nicht mehr Benn, der den Hintergrund füllt, es ist vielmehr der andere große deutschsprachige Lyriker im letzten Jahrhundert, es ist Bertolt Brecht, und zwar ist es der frühe, der Schöpfer der Dramengestalt Baal mit seiner anarchischen Lebensgier und seiner brutalen Wortmächtigkeit aus dem Geist des deutschen Expressionismus. Mickel war einer von vielen Brechtschülern seiner Generation, darin vergleichbar Volker Braun, mit dem er die obersächsische Herkunft teilte und mit dem und etlichen anderen Gefährten zusammen er die Sächsische Dichterschule gründete. Deren Name mitsamt der Anspielung auf den Poesiebetrieb im Barockzeitalter ist ähnlich unernst gemeint wie der Neue Friedrichshagener Dichterkreis.

Ich habe Karl Mickel ganz gut gekannt. Gelegentlich trafen wir einander auf der Bölschestraße und wechselten ein paar Worte. Zusammen durften wir 1965 zur Tagung der Gruppe 47 nach Westberlin fahren, ins Literarische Colloquium am Wannsee. Ich saß neben ihm, als ein bekannter westdeutscher Autor eine schrecklich langweilige Beziehungsgeschichte vortrug, darin ein Mann sich erst für eine Frau, dann für eine andere Frau nicht recht entscheiden mochte, und als er wieder der ersten Frau zuzustreben begann, seufzte Mickel mit schönstem Dresdner Akzent: »Ja, ja, jeder möchte gerne mal der Großtürke sein.«

Er war schmal, ein wenig blass und nicht sehr groß gewachsen. Sein Äußeres widersprach völlig den gargantuesken Gebärden seiner Lyrik. Auch darin war er das Gegenteil des Friedrichshageners Johannes Bobrowski, den ich gleichfalls persönlich erlebt habe. Dessen Verse bekannten sich zur Tradition einer Lyrik, wie sie die im Zeichen der neuen Sachlichkeit gegründete Zeitschrift *Die Kolonne* pflegte, wo Peter Huchel und Günter Eich erschienen. Bobrowskis Verse klangen behutsam, introvertiert, gleichsam unaufwendig, ihr Verfasser hingegen war eine stämmige Gestalt mit durchaus barocker Ausstrahlung.

»Mickel war ein schwieriger Vertreter, ein großer Verhüllungskünstler, eine männliche Sphinx. Er hat seine politischen Anspielungen meistens so versteckt, dass man sie als Westler oft gar nicht, als DDR-Bürger kaum verstand.«

So der Schriftsteller Friedrich Christian Delius. Er rühmt noch Mickels Gelächter, ein »dialektisches Lachen, ein über den Dingen stehendes, ein sächsisch oder goethisch gefärbtes Weltgeist-Lachen«. Ich habe dieses Lachen kaum erlebt. Ich sehe ihn Brechtsche Zigarren rauchen, die ihm, vermute ich, nicht sehr gut bekamen, denn er hatte es an der Lunge.

Übrigens kam er nicht aus der Literaturwissenschaft oder der Philologie, er hatte Wirtschaftswissenschaften studiert, für die er dann auch eine Dozentur wahrnahm. Eine Weile lebte er mit der Lyrikerin Sarah Kirsch zusammen, die beiden hatten ein gemeinsames Kind. Auch Sarah habe ich oft getroffen, und es gibt Verse von ihr, denen man die Begegnung mit Friedrichshagen und Mickel anzumerken meint:

Der Himmel bezog sich flatterndes Dunkel
Steht über dem Sumpfloch volltrunkenes
Torfmoos hängt sich erschreckend und schwer
An meines Wiedergängers Füße der sich
Nicht fürchtet unter den Fittichen dunkler
Kriechender Wolken und doch vergeblich
Nach dem Abendstern ausschaut nun schöpft er
Atem und sucht seine einzige Seele
In vielen Wasserspiegeln Kreise zu Kreisen
Geordnet schwarze Beeren abgestorbene Halme
Das rostrote Wasser leuchtet und dampft

Auch Sarah Kirsch und Karl Mickel sind tot.

Alte Ansichten

Die drei Damen tragen lange Röcke und selbstverständlich einen Hut auf dem Kopf. Immerhin sitzen sie jede auf einem Fahrrad, was für die damalige Zeit als ausgesprochen fortschrittlich zu gelten hat. Hinter ihnen sind Bäume, und hinter den Bäumen steht ein Gotteshaus von klassizistischem Zuschnitt. Es handelt sich um die einstige Friedrichshagener Dorfkirche, und die freie Fläche, auf der die drei unterwegs sind, ist der spätere Marktplatz.

Die Abbildung ist beschriftet mit »Gruss aus Friedrichshagen«. Es handelt sich um eine Ansichtspostkarte aus der Zeit um 1890, verlegt von Seegers u. Schmidt in Berlin, die Abbildung ist keine Fotografie, sondern eine kolorierte Zeichnung.

Ansichtspostkarten sind ein viel genutztes postalisches Medium. Im Zeitalter von Smartphone und digitalisierter Fotografie scheint die Zeit ihrer größten Verbreitung vorüber, doch noch immer werden an Zentren und Objekten des Tourismus Ansichtskarten in großer Auswahl angeboten. Meistens handelt es sich dabei um Reproduktionen von Fotoaufnahmen, daneben existieren gezeichnete Karten, vergleichbar jener von Friedrichshagen, häufig sind sie humoristischen Inhalts.

Das Ursprungsland der Bildpostkarte ist England. Als Vorläufer gilt ein französischer Kupferstecher namens Demaison, der Karten für den postalischen Versand herstellte, mehr als an-

Friedrichstraße. Postkarte, 1927.

derthalbtausend. Allerdings hat sich keine von ihnen bis in die Gegenwart erhalten, wie ihre grafische Ausgestaltung war, ist daher unbekannt.

Die eigentliche Karriere der Ansichtspostkarte erfolgte in England, und zwar ist sie innig verbunden mit der Einführung der Briefmarke, gleichfalls in Großbritannien. Die erste bebilderte Karte dort stammt vom Jahre 1840. Die Revolutionierung des Postbriefwesens durch Frankieren mittels Wertzeichen erreichte bald Kontinentaleuropa, Fortschritte in der polygrafischen Industrie ermöglichten die Konjunktur der Bildpostkarte. Im Zuge der Reichseinigung Deutschlands im Jahre 1871 wurden sowohl der Reiseverkehr als auch die postalische Kommunikation in hiesigen Regionen befördert.

Friedrichshagener Markt mit St. Christophoruskirche. Postkarte, um 1913.

»Geschickte Hoteliers, Bäder und Handelshäuser setzten die neuen Postkarten als Werbeträger ein«, heißt es in einem historischen Lexikon. Weil die immer größer werdenden Abbildungen die Grußbotschaften schließlich auf den Kartenrand verdrängten, sei die Kartenvorderseite halbiert worden: der rechten Seite seien Marke, Stempel und der Adresse zugewiesen worden, der linken die Korrespondenz. »Die wichtigsten Reproduktionsverfahren zur Herstellung waren: Holzschnitt, Stahlstich, Steindruck, Lichtdruck, Photochrom-, Bromsilber-, Farbraster- und Offsetdruck.«

Alte Ansichtspostkarten wurden inzwischen, vergleichbar der Briefmarke (wenn auch nicht so verbreitet), zu Sammlerobjekten. Die früheste erhaltene britische Karte erzielte 2002 bei einer Auktion 37750 englische Pfund, die älteste Karte aus Österreich-Ungarn wurde 2009 für 11000 Euro ersteigert. Alte Ansichtskarten sind Sammlerobjekte, sie sind gleichermaßen kultur- und lokalhistorische Dokumente, gerne zusammengefasst und reproduziert in Büchern. Für das alte Friedrichshagen gibt es zwei solcher Publikationen.

Da ist etwa der ehemalige Dorfplatz und spätere Markt zu sehen, auf einer Schwarzweiß-Fotografie von 1905. Sie zeigt das ein Jahr zuvor errichtete Fridericus-Denkmal, das von einem verschnörkelten schmiedeeisernen Zaun umgeben wird. Mehrfach ist die anstelle der alten Dorfkirche gesetzte neugotische Christophoruskirche mit ihrem hochaufragenden spitzen Turmhelm abgebildet. Ein Blick aus der Vogelperspektive zeigt die Bölschstraße mit zwei Doppelreihen von belaubten Bäumen, eine andere Wiedergabe, hier sind die Bäume kahl, lässt ein einzelnes Schienenpaar erkennen, doch das einzige sichtbare Fahrzeugist ein von zwei Pferden gezogener Karren.

Viele der Ansichtskarten zeigen gastronomische Einrichtungen. Schon der Bahnhof empfing mit einer solchen, und auf der heutigen Bölschestraße setzte sich das fort. Etwa mit dem Restaurant Eiskeller, dem Astoria-Tanzpalast und dem Gesellschaftshaus, auf dessen Wiederaufbau die Friedrichshagener bis 1997 hofften, ehe dann an seiner Stelle ein grauer Wohnwürfel entstand. »Durch das Gittertore Bogen kommen fröhlich angezogen scharenweise ganze Massen«, heißt es in einer auch grammatisch zweifelhaften Reimerei für ein gastronomisches Unternehmen in Friedrichshagen, und in einem alten Zeitungsbericht über die Gastronomie dortselbst findet sich dieser Satz: »Zum Gastwirtschaftsbetrieb gehört vor allem eine Frau, vielleicht auch Geld.«

Erster Rundgang

Es ist das Jahr 1991. Es ist Frühsommer. Ich gehe die Bölschestraße hinab.

Sie führt, wie seit jeher, als gerade Linie vom Stadtbahnhof bis zum Großen Müggelsee: runde anderthalb Kilometer Stadtarchitektur in einer außerordentlichen Mischung aus Dorfanger und Großstadtboulevard.

Sie ist dreißig Meter breit und wird gesäumt von Linden, die an der Stelle der früheren Maulbeerbäume wachsen. Darunter parken die abgestellten Automobile. In der Mitte fährt die Straßenbahn.

Selbst in der DDR von Walter Ulbricht und Erich Honecker hatte die Bölschestraße ihre bürgerlichen Äußerungsformen behalten. Hier gab es so viele Gaststätten und Kneipen wie sonst an keiner der gastronomisch zumeist unterversorgten städtischen Meilen Ostberlins, und der größere Teil von ihnen, auch das war extraordinär, hatte private Eigner. So wie die Ladengeschäfte, die sich an der Bölschestraße befanden, unverhältnismäßig viele Privatbesitzer aufwiesen, Bäcker und Hutmacher, Möbeltischler, Gemüsehändler, Herrenausstatter, Kürschner, Gebrauchtwarenanbieter.

Das sollte so bis 1990 bleiben. Mit trotzigen Gebärden gegen die realsozialistische Grundstimmung eröffneten immer wieder Kleinunternehmer ihre Geschäfte und führten sie einer heimlichen Blüte entgegen. Selbst der Verfall, der andere Gegenden der ehemaligen DDR Hauptstadt heimsuchte wie eine trostlose Krankheit, schien in Friedrichshagen aufhaltbar, wenn eines der flachen Kolonistenhäuser, das über Jahrzehnte unauffällig vor sich hingedämmert hatte, plötzlich mit einer blütenhellen Fassade aufwartete und seinen bescheidenen bauhistorischen Charme vorwies, während im Inneren ein Waffelbäcker seinem Gewerbe nachging.

Freilich handelte es sich bei alledem um Ausnahmen. Sie waren in Friedrichshagen etwas häufiger als anderswo in Stadt und Land, doch selbst sie blieben Ausnahmen. Schmerzliche Opfer auch sonst: Ungefähr auf halber Strecke der Bölschestraße befand sich früher rund um die Kirche ein Marktplatz, gesäumt von schütteren Bürgerhausfassaden, die plötzlich porös und blind waren, da hinter ihnen die mit Keramik verblendeten Quader des sozialistischen Typenbauprogramms emporwuchsen, und schließlich brachen sie unter der Abrissbirne fort.

Nun steht dort immer noch ein Flachbau, als ein Magazin für Bauartikel und Gartenbedarf. Ursprünglich wurden darin Lebensmittel verkauft, aber die Fläche war bald zu klein, und so schuf man sich einen größer dimensionierten Kasten auf der anderen Seite der Straße. Vom Turm der evangelischen Christophoruskirche, deren Neobacksteingotik keinerlei architektonische Bedeutung besitzt, fielen während eines Sturmes die Ziergiebel der Spitze herab. Das ganze wurde unsachgemäß erneuert. Von der alten Kontur des Platzes zeugen noch ein paar grau vor sich hin bröselnde Wohnhäuser, ein Textilgeschäft, das gleichfalls immer seinen privaten Besitzer behielt, und ein Denkmal für die Gefallenen des Krieges von 1870/71, mit gekröntem Adler obenauf.

Jetzt scheint es, als ob der Übergang vom DDR-Sozialismus zu westlicheren Zuständen sich nirgends problem- und lautlo-

Neue Häuser für alte Fassaden.

ser vollziehe als in Friedrichshagen. Dies hat gewiss mit dem privatwirtschaftlichen Training der Bölschestraße unter ungünstigsten Umständen zu tun und mit dem, steht zu vermuten, einigermaßen unkomplizierten Kapitalzufluss infolge überwiegend privater Besitzverhältnisse. In der gesamten ehemaligen DDR existiert kaum eine andere Straße, die derart rasch und nachdrücklich auf ein neues Erscheinungsbild eingeschwenkt ist wie die Zeile zwischen S-Bahnhof Friedrichshagen und dem Ufer des Müggelsees.

Große Handelsmarken sind unübersehbar vertreten. Bereits wenige Wochen nach der Währungsunion präsentierten sich viele Geschäfte nicht anders als auf der Schloßstraße in Steglitz und der Kantstraße in Charlottenburg, nur dass es in Friedrichshagen etwas behäbiger und intimer zugeht und die Preise erheblich höher liegen als im Berliner Westen. Auch die sonst überall präsenten Imbissbuden gab es zunächst nicht.

Dies änderte sich freilich bald. Man kann nunmehr Döner Kebab auch unterm Straßenschild von Wilhelm Bölsche kauen. Überall sind fliegende Händler auf dem Vormarsch, Asiaten mit ihren Billigzigaretten, Randberliner mit Schnittblumensträußen, Pakistani mit Lederjacken und Billigjeans. An manchen Markttagen sieht die Region rund um die Kirche aus wie ein Basar.

Die Häuser wickeln sich in grüne Kunststoffplanen für einen Umbau. Wie überall sonst in der früheren DDR prunken mit ihrem hygienischen Italo-Design die Apotheken.

Noch immer gibt es die Kneipen »Spindel« und »Maulbeerbaum«, Privatgründungen aus der Honeckerära. Sie halten sich ihre treue Klientel, und sie von außen anzusehen ist eine Freude. Die einzige Videothek der Straße wurde auf einem Hof versteckt. Der kleine schmierige Gründerrausch, der anfangs über die Gegend tobte, scheint insgesamt ziemlich rasch verflogen. Die unter dem Schmuddel vieler Jahrzehnte versteckten Biedermeier-, Gründerzeit- und Jugendstilfassaden sollen eine nach der anderen wieder aufgefrischt werden.

Es ist, als sei die DDR niemals gewesen. Das große zivilisatorische Glück dieser Straße bestand darin, dass die gewöhnliche DDR, in der Tat, hier niemals ausgegriffen hatte.

Zweiter Rundgang

Es ist das Jahr 2000. Es ist Spätsommer. Ich gehe die Bölschestraße hinab.

Von den Verheißungen des Sommers 1991 haben sich manche erfüllt, manche gründlich zerschlagen. Immobilien wurden verkauft, einige zwei- und dreimal in bloß wenigen Jahren und in aller Regel mit jeweils erheblichem Gewinn, die Grundstückspreise und Mieten in Friedrichshagen stiegen zeitweise auf das Niveau der Westberliner Stadtteile Friedenau und Wilmersdorf.

Das meiste große Geld, das nach Friedrichshagen und dort zumal in die Bölschestraße floss, stammte aus geschlossenen Immobilienfonds für Zwecke der Steuerabschreibung. Manche dieser Unternehmen überhoben sich und glitten in die Insolvenz. Das in den neuen Bundesländern während der 1990er Jahre entstandene Überangebot an neu errichtetem Wohn- und Geschäftsraum hat längst auch Friedrichshagen erreicht, wie Anzeigen in den Tageszeitungen und die Makler-Affichen in Schaufenstern erkennen lassen.

Ein lokales Großprojekt, das schmählich unterging, betraf das Grundstück Bölschestraße Nummer 50.

Hier befand sich in den letzten Jahren der DDR eine große Nobelkneipe mit Namen »Friedrichshof«. Sie warb mit dem Konterfei des inzwischen von den Honecker-Kommunisten gründlich rehabilitierten Alten Fritz; wie fast alle Restaurantbetriebe der Straße befand sie sich privater Hand. Der »Friedrichshof« richtete Schönheitswettbewerbe aus, eine sonst im Land völlig verpönte Veranstaltung, und man munkelte gar von Striptease; dem Besitzer, einem Menschen von neureichem Auftreten und Fahrer eines aus Westeuropa importierten Automobils, wurden intimste Kontakte zur DDR-Staatssicherheitsbehörde nachgeredet.

In den 1990er Jahren erfuhr das Haus daneben einen gründlichen Umbau. Eine Passage entstand, Bölsche-Karree geheißen, sie schloss den hübschen Hof mit ein und bot ausführlichen Raum für eine Reihe kleiner Läden, ein Jeans-Geschäft, eine Handlung für italienischen Delikatessen, ein Reisebüro, einen Tabakladen. Doch immer verblieb auch unvermietbarer Leerraum, und insgesamt schien die Anlage nicht rentierlich. Die Geschäfte schlossen dann eines nach dem anderen, und am Ende musste die Passage selber schließen, heute ist ihr Eingang versperrt, die Ladenflächen dahinter, durch blinde Glasscheiben einsehbar, wirken trostlos leer, nur ein funktionslos gewordener Schriftzug aus Neonbuchstaben weist noch auf sie hin.

Die wichtigste Veränderung während der zweiten Hälfte der 1990er Jahre geschah, die Bölschestraße betreffend, im Abschnitt zwischen Kirche und Müggelseeufer.

Für Jahrzehnte war der Marktplatz so etwas wie eine unsichtbare Grenze. Das Laufpublikum weigerte sich, hier noch weiter zu gehen. Geschäfte mit einiger Aussicht auf kommerziellen Erfolg mussten sich zwischen Bahnhof und Kirche niederlassen; das Warenüberangebot, das mit dem Spätkapitalismus Einzug hielt, konnte solche Situation nur noch bestärken.

Es kam anders. In die Häuser mit den niedrigen Hausnummer zogen attraktive Läden ein, Boutiquen, eine Buch- und Musikalienhandlung, ein Lampengeschäft, ein Antiquariat, eine

Der neue Glanz.

Kunstgalerie. Umbauten schlossen ansehnliche Höfe auf, in die man Tische und Stühle rückte, sodass man hier sitzen kann, unter Bäumen. Das Laufpublikum entschied sich, die unsichtbare Grenze am Marktplatz zu durchbrechen.

Zwei Drittel der Häuser in der Bölschestraße sind inzwischen restauriert. Die Fluktuation der Geschäftsinhaber ist manchmal beängstigend, auch sehr prominente Ladenketten werden immer wieder davon betroffen. Völlig unbeeindruckt von solchem Wechsel zeigen sich lediglich die drei kleinen Privatbäckereien, die sich nun schon seit Jahrzehnten halten. Außerdem gibt es auf der Straße: drei Augenoptiker, drei Geschäfte für Unterhaltungselektronik und zwei von Türken betriebene Gemüsestände. An mehreren Wochentagen findet ein großer Markt statt, mit den üblichen Ständen für Nahrungsmittel, Grünpflanzen und Billigtextilien. Von den zuletzt fünf Bankfilialen hat die erste soeben geschlossen.

In die Speisegaststätte »Maulbeerbaum« zog ein China-Restaurant. Es gibt mehrere italienische Kneipen mit unterschiedlichem Preisniveau. In Nummer 45 a, einem flachen Kolonistenhaus, war über mehrere Jahre ein kleines Cartoonmuseum untergebracht, das aber nun ausziehen musste; auch dieses Gebäude wird aufwendig instand gesetzt.

Außerhalb der Bölschestraße sind solche Renovierungsarbeiten in Friedrichshagen bei Weitem nicht so häufig. Es existieren Fassaden, die das Siechtum der späten DDR unverändert fortsetzen. Von den beiden Oberschulen wurde eine geschlossen. Auf dem Fürstenwalder Damm gibt es ein kleines Bordell.

Das katholische Krankenhaus, in Fortsetzung der Bölschestraße unmittelbar am Müggelseeufer situiert, soll demnächst schließen. Die Brauerei, gleich daneben, scheint guten Umsatz zu haben und unterhält einen auch von Touristen viel frequentierten Ausschank.

Man sieht in Friedrichshagen keine Bettler, keine Obdachlosen, keine Skins, keine Yuppies im Porsche. Das Publikum blieb das hier übliche einer gehobenen Kleinbürgerlichkeit. Immer noch wohnen auch Künstler hier, vor allem Maler. Der Ort hat sich seinen Stil erhalten und seinen Charme. Von den wirtschaftlichen Tragödien, die sich hinter manchen Mauern ereignen mögen, redet niemand, oder es dringt nichts davon nach außen.

Der Gemeinde Wohl und Gut

Ich stehe vor dem Haus Bölschestraße Nummer 87. Es ist groß, ausladend, auffällig. Es verfügt über vier Geschosse, einen Erker und einen Balkon. Das Material der Fassade ist Cottaer Sandstein, ihr Stil ein Gemisch aus Neugotik und Neorenaissance, wie bei vielen um 1900 entstandenen Bauten nicht unüblich. Ich sehe einen abgestuften Ziergiebel, ich sehe ein Steildach mit Gauben, einen Dachreiter, eine Uhr.

Ich betrete das Haus. Ich entdecke viel Stuck und viel Holzpaneel. Einen für Sitzungen bestimmter Saal schmückt ein Wandbild: Preußenkönig Friedrich II., hoch zu Ross, blickt herab auf Leute, die ein Stück Land urbar machen, es sind Kolonisten, die der König hierhergerufen hat, beschworen wird die Gründung des Dorfes Friedrichshagen. Der Schöpfer des Bildes heißt Woldemar Friedrich, Kunstmaler aus der Zeit um 1900, Lehrer an der Berliner Kunstakademie und Gestalter von Sammelbildern für die Schokoladenmarke Stollwerck.

Das Gebäude Bölschestraße Nummer 87, eine Metallplakette weist es aus, steht unter Denkmalschutz. Seine Vergangenheit ist bunt und abwechslungsreich.

Als Friedrichshagen noch selbstständige Ortschaft war, verfügte man über eine eigene Verwaltung. Die saß zunächst in einem angemieteten Gartenhaus an der Breestpromenade. Der Dichter Bruno Wille hat die dortigen Zustände geschildert:

»Längs der Wände lagen die Akten aufgestapelt, in den Fächern hölzerner Gestelle ohne Verschluss, dem Staube, der Vergilbung, den Motten preisgegeben. Ein paar Schreiberseelen hockten an Pulten, und wenn sie nicht frühstückten, rauchten oder plauderten, hörte man ihre Federn kritzeln, dazu im Sommer den ländlichen Fliegenschwarm summen und beim Nachbarn die Hühner gackeln.«

Beratungen wurden manchmal auf der damaligen Friedrichstraße abgehalten, in Nummer 81, wo der Kneipier Franz Lerche eine Gastwirtschaft betrieb. Hier soll auch der Beschluss gefasst worden sein, ein Rathaus samt angeschlossenem Standesamt und Gefängnis zu errichten, gedacht, den gewachsenen Ansprüchen des Ortes Friedrichshagen zu genügen. Unmittelbarer Anlass war, dass Bruno Wille, der Schriftsteller und Freidenker, wieder einmal inhaftiert worden war und in der ehemaligen Waschküche des Gasthofs »Zum schwarzen Adler« einsitzen musste, was man als eher peinlich empfand. Dem Rathausneubau sollte neben einem Standesamt noch eine ordentliche Haftanstalt angeschlossen werden.

Das dafür vorgesehene Grundstück in der Friedrichstraße, damals Nummer 85, lag nahe bei Lerches Gastwirtschaft. Die Gemeinde hatte es von einem Polizeihauptmann namens Carl Ferdinand Bayer erhalten, als Vermächtnis, eigentlich hätten hier Lehrerwohnungen und Schulräume entstehen sollen. Stattdessen, es war der Juni 1897, beschloss die Gemeindevertretung, die Ausschreibung für einen Rathausbau zu veranstalten, eingeladen wurde das lokale Handwerk. Die ausgesetzten Preise betrugen 300 und 200 Goldmark. Beide gewann der Zimmermeister Peter Guth. Der Bau begann im nämlichen Jahr.

Die Fertigstellung nebst feierlicher Einweihung geschah bereits im November 1899. Der Bau hatte 120000 Mark gekostet,

Bölschestraße 87, das einstige Rathaus.

bezahlt wurde er mit einem Kredit der Niederbarnimer Kreissparkasse. Deren Darlehen war noch etwas höher gewesen, mit der verbliebenen Restsumme wurde die Pflasterung der Friedrichstraße finanziert.

Man war ein Literatenort, unter anderem. Zur Einweihung gab es also Gereimtes:

Aufgebaut in Stein und Eisen
Steht das Rathaus da in Pracht,
Soll die Stätt' dem Bürger weisen,
Wo der Rat hält treue Wacht.
Wo der Vorstand sorgend heget
Der Gemeinde Wohl und Gut,
Stets des Ort's Int'resse pfleget
Der Herr Amtsvorsteher Klut.

Der Verfasser war kein Naturalist und kein Avantgardist. Er hieß Rudolph Eberlein. Er ist heute noch viel unbekannter als der von ihm gepriesene Amtsvorsteher Klut, an den immerhin eine Straße in Friedrichhagen und seine repräsentative Grabstelle erinnern.

Der hat im Rathaus Friedrichstraße 85 also regiert. Hier tagte fortan auch die Gemeindevertretung. Hier wurden Ehen geschlossen, Geburts- und Sterberegister geführt und Gefangene eingeliefert. Zwei Jahrzehnte geschah dies alles so, dann sah sich Friedrichshagen zu Berlin geschlagen und verlor mitsamt seiner Selbstständigkeit auch seine eigene Administration.

Dem Gebäude Friedrichstraße 85 verblieben ein paar Behörden, darunter die Steuerkasse. Dies blieb der Zustand für weitere zweieinhalb Jahrzehnte. Dann, im Nachkriegsjahr 1946, zog eine Dienststelle der Ostberliner Ordnungskräfte hier ein. Der offizi-

Widmung am Giebel: »Dem Wohle der Bürger«.

elle Name war Deutsche Volkspolizei, laut Eigendefinition »ein Organ der Arbeiter-und-Bauern-Macht der DDR; hat die Aufgabe, im Rahmen der sozialistischen Rechtsordnung, gemeinsam mit den Werktätigen und den anderen staatlichen Organen, den zuverlässigen Schutz der Freiheit und des Lebens der Bürger sowie der demokratischen und sozialistischen Errungenschaften zu gewährleisten und den umfassenden Aufbau des Sozialismus vor allen Anschlägen zu sichern«.

Dies geschah vierundvierzig Jahre lang. Das Gebäude blieb Polizeidienststelle noch im wiedervereinigten Berlin, allerdings bloß bis 2011. Dann zogen die Ordnungskräfte aus.

Das Gebäude stand hinfort leer. Es erregte allerlei Begehrlichkeiten. Die gab es bereits 1991, als der ostdeutsche Staat verschwunden war und seine Hinterlassenschaften neue Nutzer und Besitzer suchten. Einer der Pläne sah vor, das Haus in ein nobles Objekt mit mehreren Eigentumswohnungen zu verwandeln.

Im Dezember 2013 schloss der Berliner Liegenschaftsfonds einen Erbbaurechtsvertrag, um das Haus den Bürgern zu überlassen. Vertragspartner ist eine Kommanditgesellschaft, eigens gegründet, das Rathausgebäude in einen Kulturtreffpunkt und Veranstaltungsort zu verwandeln. Der bis 2053 laufende Vertrag sieht jährliche Zahlungen an das Land in Höhe von knapp 30 000 Euro vor, als Investitionssumme für Modernisierung und Umbau werden 2,2 Millionen genannt. Die Kreditzusage einer Bank liegt vor, die Kommanditisten ihrerseits haben bereits 400 000 Euro aufgebracht. Eine Kindertagesstätte, eine Musikschule und ein Restaurant sollen Einzug halten. Im Giebel prangt weiterhin die alte Widmungsinschrift »Dem Wohle der Bürger«.

Die riesigen Augen des Königs

Zu den am häufigsten durch Denkmäler geehrten und auf denselben dargestellten historischen Persönlichkeiten gehören Wladimir Iljitsch Lenin, Otto von Bismarck und König Friedrich II. von Preußen. Der überhaupt meistabgebildete Herrscher war Pharao Ramses II. im alten Ägypten (1303–1213 v. Chr.), doch wir wollen uns Europa zuwenden und Deutschland.

Das Ansehen von historischen Persönlichkeiten ist von Wandel bedroht, hierzulande wie überhaupt. Auch hierfür liefert das alte Ägypten Beispiele. Zwar haben sich die unzähligen Ramses-Abbilder erhalten, doch andere Pharaonen, wie Echnaton, wurden nachmals verworfen, ihre Erinnerung ausgelöscht und ihre Statuen zerstört. In Ostdeutschland sind heute die Lenin-Denkmäler aus den Stadtbildern verschwunden, so wie es zuvor, als sie noch standen, vielen Bismarck- und Fridericus-Statuen erging.

Der Rang des bekanntesten Preußenkönigs war schon bei den Zeitgenossen wie dann auch bei der Nachwelt immer wieder umstritten. Die älteste Gedenkstätte für ihn, ein aus zwei römischen Götterfiguren bestehendes Bildnis, wurde 1792 im Park von Neuhardenberg aufgestellt, Friedrich kommt dort nur als Relief am Sockel vor. Erst danach setzte die Konjunktur der Fridericus-Abbilder ein, durch Grafiken und Gemälde von Adolf Menzel, durch Plastiken von Schadow und von Rauch.

Für die Denkmäler existierten und existieren zwei Grundmuster: der König zu Ross und der König zu Fuß. In Potsdam gibt es beides. Der stehende Fritz dort stammt nicht von Schadow, sondern von einem preußischen Konfektionär namens Joseph Uphues. Offenbar orientierte man sich an ihm, als Monarchisten im sonst mehrheitlich sozialdemokratisch gestimmten Friedrichshagen sich 1902 entschlossen, dem Gründer und Namensgeber der Ortschaft ein Denkmal zu setzen. Bildhauer war der 1860 in Leipzig geborene Felix Görling. Bei den Statuen des stehenden Fritz stützt sich der Dargestellte entweder auf einen Krückstock oder einen Degen. Bei Uphues und Görling ist es der Stock.

Geld wurde gesammelt. Bald war genügend beisammen, dass die Statue hergestellt und hingesetzt werden konnte, im Jahre 1904, auf dem unmittelbar an der zentralen Straße befindlichen Karree, mit Blick auf die Kirche St. Christophorus auf der anderen Straßenseite. Das Material des Standbilds war Bronze. Hergestellt worden war es, natürlich, in der örtlichen Bildgießerei Gladenbeck.

Der Friedrichshagener Fridericus stand vier Jahrzehnte. Er überdauerte schadlos die beiden Weltkriege. 1946 wurde er dann vom Sockel geholt. »Als Gisela Vogel sechs Jahre alt war«, wusste eine Tageblatt, »diente ihr das Denkmal von Friedrich II. als Klettergerüst: 1946 lag der drei Meter lange Bronzegigant auf ihrem Schulhof, und das Friedrichshagener Mädchen turnte auf seinen Brustkorb herum und befühlte die riesigen Augen des Königs. Ein paar Monate später war der Koloss spurlos verschwunden.« Im Rahmen einer Buntmetallsammlung wurde die Figur eingeschmolzen. »Der König gab der jungen DDR ein wenig Aufbaurohstoff«, heißt es in einem Rückblick, »vielleicht wurde er auch zum Lenin umgeschmolzen.«

Denkmal für Friedrich den Großen, 1930.

Denn zunächst war Friedrich in der DDR sehr verpönt. Er galt als Militarist und Kriegstreiber (der er war), sein Andenken zeigte sich zudem vergiftet durch den Fridericuskult der Nazis. Das änderte sich dann. Die DDR stellte das Rauch-Standbild wieder Unter den Linden auf, und beim höchsten Mann im Staate war gar von Friedrich dem Großen die Rede.

Derart darf nicht verwundern, wenn in Friedrichshagen der Wunsch entstand, das eigene Fridericus-Standbild zurückzuholen. Das Original gab es nicht mehr, eine Replik musste her. Eine Initiative gründete sich, es wurde Geld gesammelt und abermals ein Bildhauer gesucht. Man fand ihn rasch. Sein Name war Spartak Babajan, geboren in Armenien, aber nunmehr mit Wohnsitz Berlin. Was zeichnete ihn aus? In Köpenick hatte er sich verdient gemacht als Schöpfer eines anderen Denkmals. Die dortige Statue stellte einen lokalen Helden dar namens Wilhelm Voigt. Der war von Beruf Schuster und wurde bekannt als falscher Hauptmann, der die Stadtkasse plündern ließ.

Barbajan schuf ein Gipsmodell, das viel Anklang fand. Das Antlitz des Alten Fritz gestaltete er nach der Totenmaske, ansonsten orientierte er sich an Göttlers Schöpfung. Die Stellung des Stockknaufs sollte verändert werden, denn aus einem bestimmten Blickwinkel, so war es schon bei Göttler gewesen, konnte der Eindruck entstehen, der König halte in der rechten Hand seinen Penis. Dies wurde korrigiert. Es folgte die Umsetzung; gegossen wurde diesmal nicht bei Gladenbeck, da es den nicht mehr gab, sondern im benachbarten Schöneiche. Die Aufstellung erfolgte pünktlich zur 250-Jahrfeier von Friedrichshagen, 2003.

»Jetzt ist er wieder da«, lese ich in einem Zeitungsbericht, »der Alte Fritz steht auf einem Sockel mitten auf dem Marktplatz von Friedrichshagen. Den linken Arm angewinkelt, das

Friedrich-Denkmal, 2014.

linke Auge vielleicht eine Spur zu glupschäugig, aber ansonsten hat der Preußenkönig wohl so ausgesehen, als er 1753 den Ort gründete.«

So steht er da immer noch, inmitten des rechteckigen Platzes mit seinen Lindenbäumen. Er gehört dazu. Ich stelle mich vor ihn und betrachte ihn. Ich bleibe der einzige Betrachter. Ich sehe, wie eine Nebelkrähe auf dem metallenen Dreispitz Platz nimmt und den Bürzel hebt, um sich zu erleichtern.

Das delikate Produkt

Ich betrete ein Haus in der Bölschestraße, das schräg gegenüber der Kirche steht. Ich bin schon oft hier gewesen, das erste Mal, als sich im Erdgeschoss noch ein Geschäft für Sporttextilien befand. Ich wollte damals weder Turnhose noch Jogginganzug kaufen, ich wollte den hinteren Raum besichtigen, der sehr groß war, vollgestopft mit Kleiderständern, Wände und Decke trugen eine sonderbares, etwas eingedunkeltes Jugendstildekor. Dies zu besehen war ich gekommen, Bekannte hatten es mir empfohlen.

Das Sportgeschäft existiert nicht mehr. Ein italienisches Restaurant zog ein, in jenem großen Raum stehen jetzt Tische und Stühle, das Jugendstildekor ist verschwunden, der Raum ist jetzt hell. Das Restaurant besuche ich regelmäßig, hier treffe ich mich mit Freunden, ich lade zu Familienfeiern hierher. Spezialität der Küche ist eine Pasta, die heiß gekocht in einem ausgehöhlten Parmesankäselaib geschwenkt, mit heißer Butter übergossen und mit Grappa flambiert wird: ein kalorienhaltiges Gericht aus bäuerlicher Tradition.

Das Restaurant ist meistens gut besucht, so auch heute. Der Kellner führt mich zu einem Tisch, an dem bereits ein weißbärtiger Herr sitzt. Sein Stock mit elfenbeinerner Krücke hängt an der Tischkante. Ich grüße höflich, der weißbärtige Herr grüßt zurück. Ich bestelle Antipasti und Rotwein.

Ich bestelle auf Italienisch. Der weißbärtige Herr schaut mich an. Höflich fragt er, ob ich dieser Sprache mächtig sei. Wahrheitsgemäß sage ich, dass ich vielleicht fünfzig Wörter beherrsche, Touristenvokabeln, dem Personal zuliebe verwende ich sie manchmal. Der alte Herr nickt. Meine Antwort scheint ihm nebensächlich. Er hat einen Anlass gesucht, mit mir ins Gespräch zu kommen, was er auch gleich eingesteht. Er gehe, sagt er, gerne hierher. Er lebe allein. Hier finde er manchmal jemanden, mit dem er sich unterhalten könne.

Was ich anschließend von ihm erfahre, handelt nicht von der italienischen Sprache und nicht von flambierter Pasta. Es handelt von der Bölschestraße und vom Schicksal eines Produktionsbetriebs.

Er wohne jetzt hier, sagt der weißbärtige Herr. Er sei in das Mietshaus eingezogen, in dem einst seine Mutter gelebt habe und in dem auch er aufgewachsen sei. Zwischendurch habe er sich im Emsland aufgehalten und am Rhein, nun sei er zurückgekehrt. Das Haus stehe auf der Bölschestraße, nahe dem Müggelseedamm. Gerade werde es saniert. Das sei recht lästig, viel Lärm und Staub den gesamten Tag über, aber er halte an dieser Wohnung fest, aus sentimentalen Gründen.

Seine Mutter habe hier auch gearbeitet, in Friedrichshagen, als Buchhalterin bei Fromm. Ob mir der Name etwas sage? Fromm, Fromms Act, vulgär Frommser? Ein delikates Produkt, nun ja, doch ein wichtiges auch und ein unverzichtbares. Ich begreife, wovon der weißbärtige Herr redet. Es geht um ein Antikonzeptivum, Kondom geheißen oder Präservativ, die Alemannen verwenden das hübsche Wort Verhüterli.

Das Produkt, sagt der weißbärtige Herr, habe den Namen seines Fabrikanten getragen. Der habe so für die Qualität gebürgt. Fromms seien ein Markenartikel gewesen und der Fabrikant Julius Fromm ein strenger, dabei tüchtiger und fürsorglicher Mensch. Das wisse er von seiner Mutter. Wahrscheinlich sei Julius Fromm hier auf der Straße promeniert, um Apotheker, Friseure und Drogisten zu besuchen und zu sehen, ob sie sein Produkt vorrätig hielten. Ganz gewiss sei er hier in seinem Automobil chauffiert worden, denn gewohnt habe er anderswo, im Berliner Westen. Später sei er nach England gegangen, und seine Betriebe habe er allesamt verloren, an die Nazis. Das Werk hier in Friedrichshagen sei nach dem Krieg an die Fromms nicht zurückgegangen, denn sie hätten als jüdische Kapitalisten gegolten. Produziert worden sei weiterhin, Kondome für die Rote Armee. Seine Mutter habe bis zuletzt in dem Betrieb gearbeitet, bis 1960. Er selber, der Sohn, sei rechtzeitig vor dem Mauerbau in den Westen gegangen. Seine Mutter habe ihr Grab auf dem nahen Friedhof an der Peter-Hille-Straße.

Der weißbärtige Herr trinkt seinen Espresso und verlangt nach der Rechnung. Über Julius Fromm sei ein Buch erschienen, sagt er mir noch, das sei empfehlenswert. Dann nimmt er seinen Stock und geht schleppenden Schrittes davon.

Ich gehe auch. Ich besuche die nächstgelegene Buchhandlung, die den Titel aber nicht vorrätig hat. Man sucht im Computer. Man wird das Buch bestellen. Anderntags hole ich es ab und beginne zu lesen – eine abwechslungsreiche, eine traurige, eine für das 20. Jahrhundert in Deutschland nicht ungewöhnliche Geschichte. Sie beginnt im einstigen Russisch-Polen. 1883 wurde dort dem Kleinhändler Baruch From als zweites Kind ein Sohn geboren, der den Vornamen Israel erhielt. Der Ort hieß Konin und war ein Schtetl, eine ostjüdische Wohnsiedlung, armselig, fromm und pittoresk, Autoren wie Scholem Alejchem und Isaac Bashevis Singer haben sie beschrieben, der junge Marc Chagall hat sie gemalt.

Der junge Israel besuchte den Chedder, das ist die Thoraschule, wo er Lesen, Schreiben, Hebräisch und etwas Rechnen erlernte. Die Eltern zogen aus Konin fort, sie wollten das materielle Elend fliehen. Die Familie ging nach Berlin, wo sie, wie viele andere ostjüdische Einwanderer, erst einmal im Scheunenviertel unterkam, auf sehr beschränktem Raum, in der Mulackstraße. Die Fromms lebten vom Kleinhandel. In Handarbeit stellten sie Zigaretten her und vertrieben sie ambulant. Der Vater änderte seinen Vornamen in Bernhard, Israel den seinen in Julius. Der Vater starb. Die zwei Ältesten mussten das väterliche Geschäft weiterführen. Nebenher bildete Julius sich fort, vornehmlich im Fach Chemie. Er gab dann das Zigarettengeschäft auf und gründete 1912 ein Fabrikations- und Verkaufsgeschäft für Parfümerien und Gummiwaren.

Er stellte Kondome her. Er hatte eine Warenlücke entdeckt und wollte sie nutzen. Das Produkt, um das es ging, war eigentlich seit Langem bekannt, schon die Antike benutzte Kondome, meist wurden dafür Schafsdärme verwendet. Ihre Handhabung war umständlich: Vor dem Gebrauch mussten die Dinger eingeweicht werden, nach dem Gebrauch wurden sie ausgewaschen, um neuerlich verwendbar zu sein. Giacomo Casanova hat davon in seinen Memoiren erzählt. In Großbritannien hießen Kondome *rubbers*, jenseits der britischen Grenzen lautete eine von vielen Umschreibungen *english redingotes.* Es gab Exemplare aus Stoff und, als der Kautschuk in den Handel kam, aus Gummi; durchweg trugen sie eine Naht.

Die von Julius Fromm produzierten Kondome waren nahtlos. Er praktizierte die Herstellung mittels Glaskolben, die in flüssigen Kautschuk getaucht wurden, mehrfach, bis ein dünner Überzug entstand, anschließend wurden die Produkte vulkanisiert und mit Puder bestäubt. Sie unterlagen einer strengen Qualitätskontrolle, das machte sie teurer als die sonst erhältlichen Kondome, dafür waren sie zuverlässiger. Der Vertrieb erfolgte in kleinen Päckchen zu je drei Stück. Enthalten war außerdem ein Zettel mit aufgedrucktem Kaufwunsch, der Kunde konnte ihn diskret und wortlos über den Ladentisch schieben.

Der ausgehende Wilhelminismus huldigte nach außen hin einer erbarmungslosen Prüderie. Fromm wollte seine Artikel bewerben, er durfte das nur in Fachblättern. Schaltete er anderswo Anzeigen, musste er auf Begriffe wie Gummiwaren oder Hygiene ausweichen. Mindestens dieser zweite Begriff war durchaus zutreffend, da Kondome nicht nur die Empfängnis verhüteten, sondern auch venerische Infektionen. Geschlechtskrankheiten waren eine verbreitete Plage und die Heilungsaussichten unsicher, noch gab es keine Antibiotika, und das Arsphenamin war eben erst erfunden. In den Frontbordellen des Ersten Weltkriegs boten einzig Kondome Schutz vor Gonorrhoe und Syphilis und wurden deshalb vorgeschrieben. Ein Vierteljahrhundert später würde es nicht anders zugehen.

»Kurz vor dem Ersten Weltkrieg versuchte mein Vater, aus einem schier unaussprechlichen, meist mangelhaft gearbeiteten Artikel ein seriöses Markenprodukt zu machen. Es sollte sowohl dem Schutz gegen die virulenten Geschlechtskrankheiten als auch der Familienplanung dienen. Das ist ihm voll und ganz gelungen. Er verfügte über einen enormen Geschäftssinn.«

So Edgar, Sohn des Fabrikanten. Bis zur Erfindung der Antibaby-Pille 1960 waren Kondome das übliche Verhütungsmittel. Völlig außer Gebrauch gekommen ist es bis heute nicht, schon, um vor AIDS zu schützen.

1922 erwarb Julius Fromm, um mit der Großproduktion beginnen zu können, in Berlin-Friedrichshagen ein Grundstück samt Fabrikgebäude. Er ließ baulich erweitern, seine Architekten waren Siegfried Weitzmann und Arthur Korn, zwei später hochrenommierte Avantgardisten. Er suchte und fand Vertretungen im Ausland, er produzierte für den Export. Aus dem armen ostjüdischen Immigranten wurde ein schwerreicher deutscher Unternehmer.

Sein weiteres Schicksal erzählt das Buch, das mir der weißbärtige Herr empfohlen hat. Die Autoren sind zwei Zeithistoriker, Götz Aly und Michael Sontheimer.

Julius Fromm war verheiratet und hatte mehrere Kinder. Auch seine Brüder betätigten sich in Berlin als Unternehmer. Julius bemühte sich um die deutsche Staatsangehörigkeit und erhielt sie. Er legte sich eine weitere, noch größere Produktionsstätte zu, nahe Friedrichshagen, in Berlin-Köpenick. Abermals beschäftigte er die Architekten Weitzmann und Korn.

Nach dem Regierungsantritt Hitlers änderte sich einiges. Die neuen Machthabern hatten Einwände gegen Verhütungsmittel: Sie wollten keine Familienplanung, sie wollten viele Kinder, sie brauchten Soldaten für den Krieg. Julius Fromm hielt, wie andere, die Naziherrschaft zunächst für ein eher vorübergehendes Phänomen. Sein Unternehmen florierte weiterhin, auch die Wirtschaftskrise zuvor hatte ihm wenig anhaben können.

Immerhin traf er Vorbereitungen für den möglichen Ernstfall. In England, wo sein älterer Bruder Salomon lebte, wollte er ein Zweigwerk gründen. Britische Behörden verhinderten das. In seinem Friedrichshagener Werk saß als Betriebsleiter ein Parteimitglied, etliche Nazis in der Verwaltung sprachen sich erst einmal für ihn aus. 1936, als die Olympiade stattfand und viel Publikum nach Berlin strömte, machte Fromm noch einmal glänzende Umsätze.

Im gleichen Jahr nahmen aber auch die Schwierigkeiten zu. Das Antisemitenblatt *Der Stürmer* hetzte gegen ihn. Der andere große Kondom-Produzent im Land, er saß in Erfurt, beklagte sich über die jüdische Konkurrenz. Der zweite Mann im Staat, Hermann Göring, zeigte an Fromms Geschäft heftiges Interesse, er wollte es seiner Patentante zukommen lassen. 1938 sah sich Julius Fromm genötigt, das Unternehmen zu verkaufen. Der Preis betrug nur einen Bruchteil des wahren Wertes. Gleichwohl blieb ihm bei seinem Fortgang erheblich mehr Vermögen als anderen Emigranten.

Er ging nach England. Sein Berliner Villa wurde zunächst ein Judenhaus: Es diente als Unterkunft für anderswo exmittierte jüdische Familien. Später wurde es aufwendig renoviert, ehe es ein hoher Nazioffiziers als Wohnsitz erhielt. Die Möbel, das Geschirr, die Bilder der Familie Julius Fromm wurden versteigert. Auf das Werk in Köpenick fielen im Zweiten Weltkrieg Bomben. Das Werk in Friedrichshagen beschäftigte Fremdarbeiter. Verwandte der Fromms, die in Deutschland geblieben waren, wurden ins Konzentrationslager deportiert.

»Am 12. Mai 1945«, heißt es bei Aly/Sontheimer, »drei Tage nachdem Hunderttausende auf dem Londoner Trafalgar Square und vor dem Buckingham-Palast den Sieg ausgelassen gefeiert hatten, stand Julius Fromm morgens auf. Er wollte die Gardinen zurückziehen, aber er sank nieder. Der eilig herbeigerufene Arzt konnte nur noch den Tod feststellen. Julius Fromms Herz versagte, so heißt es in der Familie, weil er sich über den Untergang der Nazis und auf die Rückkehr nach Deutschland so sehr gefreut hatte.«

Ich hätte mit dem weißbärtigen alten Herrn aus dem italienischen Restaurant gerne über meine Lektüre gesprochen. Ich fuhr nach Friedrichshagen. Ich ging die Rahnsdorfer Straße hinab, an deren Ende Reste des alten Fromm-Werkes standen, Kondome wurden hier längst nicht mehr produziert.

Ich ging zurück in die Bölschestraße. Ich hielt Ausschau nach einem Mietshaus, in dem der alte Herr wohnen konnte. Eine genaue Hausnummer kannte ich nicht, den Namen des weißbärtigen alten Mannes kannte ich nicht. Wen hätte ich fragen sollen? Ich betrat den Durchgangsflur eines Gebäudes, an dem ein Baugerüst stand. Im Hof fand ich, befestigt an einer Mauer, eine altes Geschäftsschild, ein metallenes Oval, der Untergrund war blassviolett, darauf in gelber Schrift der Name »Fromms«, darunter in kleineren Lettern das Wort »Transparent«. Staub lag über allem. Bald würde man das Schild wohl abnehmen. Den weißbärtigen Herrn habe ich hier nicht getroffen und auch später nicht anderswo. Vielleicht war er mittlerweile verstorben und beigesetzt neben seiner Mutter, auf dem Friedhof an der Peter-Hille-Straße.

Ausschank

Die Bölschestraße wird nach Norden hin abgegrenzt durch den S-Bahnhof Friedrichshagen. Dahinter beginnt die Dahlwitzer Landstraße, als direkte Verlängerung der Bölschestraße, sodass sie ganz gut den Namen letzterer weiterführen könnte. Nach Süden hin bildet die Abgrenzung der Müggelseedamm. Jenseits von ihm erstreckt sich, in einiger Entfernung, das Ufer des Müggelsees.

Der S-Bahnhof Friedrichshagen ist alt. Die Station existiert seit 1842, das Gebäude erhielt seine heutige Gestalt im Jahre 1903. Die Namen der Architekten sind bekannt: Karl Cornelius und Waldemar Suadicani, beide haben noch andere Berliner Bahnstationen errichtet.

Die Elektrifizierung der Strecke erfolgte im Jahre 1928. Eine Unterbrechung des Bahnbetriebs geschah in der Folge des Kriegsendes von 1945. Drei Jahre später wurde er wieder aufgenommen.

Das Bahnhofgebäude hat seither etliche Reparaturen und Veränderungen erfahren, zumal in jüngerer Zeit: Die Brücke über der Dahlwitzer Landstraße wurde erneuert, ebenso der Bahnsteig, es gibt keinen Fahrkartenschalter mehr, bloß Automaten, ein Fahrstuhl wurde installiert. In der Bahnhofshalle betreibt ein asiatischer Florist sein Geschäft, gelegentlich wird an anderer Stelle frisches Obst verkauft. Es existiert ein kleines

Ladengeschäft, das Snacks, Kaffee in Plastikbechern und Hochprozentiges feilbietet. Morgens, wenn die Leute von der Bölschestraße kommen, wartet vor der Treppe zum Bahnsteig ein fliegender Zeitungshändler.

Gleich hinter dem Bahnhof beginnt eine ausgedehnte Grünanlage, mit Wegen, mit Ruhebänken, mit einem Tennisplatz, mit einer Freilichtbühne. Die ist gedacht für Filmvorführungen wie für andere Veranstaltungen, bevorzugtes Publikum sind junge Leute.

Die Fresse zerschlagen –
meine
hab ich noch Fragen –
keine
oder doch: warum macht der das
woher denn kommt der ganze Hass
der schlägt in meinem Gesicht doch alle
dem ist die Welt um ihn die Falle
der kotzt die zwei Jahre Knast heraus
und ist wieder im Kreis und –
aus?

Diese Verse tragen den Titel »Freiluftdisko Friedrichshagen«. Sie könnten gegenwärtiges Geschehen beschreiben, doch sie spielen bereits 1976, als auf der Bühne unterschiedlichste Rockbands auftraten; junge Leute nannten das Gelände »Hyde Park«. Der Verfasser der Verse heißt Gerd Adloff, ist Fotograf und lebt inzwischen lieber in Irland.

Pop, Rock, Jazz und Schlager finden jetzt statt häufiger am anderen Ende der Bölschestraße, auf dem Gelände der alten Brauerei.

Die Brauerei.

Deren Gründungsjahr ist 1869. Getrunken wurde in Friedrichshagen auch schon zuvor und zwar offenbar reichlich. In einem entsprechenden Erlass heißt es: »Muß der Schulze dahin bedacht seyn, daß es dem Dorfe niemahlen an Brodt, Getränke (welches er an Bier und Brandtwein aus der Stadt Cöpenick zu nehmen hat) fehle ...« Der Ausschank erfolgte im damaligen Kruggbäude, das sich an der Stelle der heutigen Bölschestraße 137 befand.

Der letzte Dorfschulze Friedrichshagens, ein Kaufmann namens Hermann Schäfer, erwarb zum Preis von 12000 Talern das Schulzengut und eröffnete darauf eine Brauerei.

Ab 1870 schenkte er aus, zur Eröffnung warb er mit diesem Spruch:

Am nächsten Sonntag gibt's bei mir
zum ersten Male »Lindenbier«
gebraut in Friedrichshagen.
Wer diesen Trunk gekostet hat
bekömmt ihn, glaub ich, niemals satt.

Der Ausschank fand statt im Bürgerbräu-Stübl und der neu erbauten Müggelschloss-Gastwirtschaft. Schäfers Lindenbräu bekamen, aller Werbung zum Trotz, die Leute durchaus satt, nach sieben Jahren musste der frühere Dorfschulze aufgeben: Sein Unternehmen wurde zwangsversteigert.

Elf Jahre später fand es neue Besitzer. Sie hießen Walbaum und Jansen, nannten das Unternehmen Müggelschlösschen-Brauerei und waren erfolgreicher als der Vorgänger. Der jährlich Ausstoß erreichte zehntausend Hektoliter und galt als Spitzenbier.

1901 erfolgte ein weiterer Besitzerwechsel: Die Brauerei wurde Genossenschaft, Anteilseigener waren Gastronomen aus der Region. Sie erweiterten, sie modernisierten, sie eröffneten ein eigenes Labor, zusätzliches Gelände wurde gekauft. Das Produkt hieß nunmehr Berliner Bürgerbräu, und der jährliche Ausstoß erreichte die dreihunderttausend Hektoliter.

Der Zweite Weltkrieg brachte Bombenschäden. Nach 1945 war der Betrieb erst einmal sowjetischer Besitz und produzierte für die Rote Armee. Später wurde er volkseigen und war Teil des VEB Getränkekombinats Berlin. Friedrichshagener Bier behielt seinen Rang, war begehrt und wurde vielfach exportiert, bis nach Schweden, bis nach Japan.

Die Erfolgsgeschichte endete mit der Wiedervereinigung. Die Treuhandanstalt vergab die Brauerei an eine bayerische Familie, die zwar vom Fach war und dennoch nicht glücklich operierte. 2010 musste sie den Betrieb schließen. Seither dämmern die Braugebäude vor sich hin.

Bloß das Bräustübl gibt es weiterhin. Es wird gerne besucht, es veranstaltet musikalische Events. Dann existiert noch die weiße Villa, einst im Besitz der Brauerei, heute ein gastronomisches Unternehmen. Das neoklassizistische Gebäude, 1875 errichtet, gehörte vorher dem Amtsvorsteher Klut. Das ist jene Person, die im Widmungsgedicht zur Rathauseröffnung ihren Auftritt hatte. Die Erinnerung an ihn ist hier verweht. Die Villa serviert heute Wiener Schnitzel und knusprigen Entenbraten für jedermann.

Lesen

Wie aber verhält es sich denn, nachdem Johannes Bobrowski und Karl Mickel auch schon lange tot sind, heute mit der literarischen Überlieferung Friedrichshagens im Allgemeinen und der Bölschestraße im Besonderen?

Es gab immer eine Buchhandlung. Die erste von mir aufgesuchte war staatlich, saß im Gebäude Bölschestraße 26 und hatte Verkäuferinnen, die für Stammkunden begehrte Titel zurücklegten. Ich durfte mich zu ihnen zählen. Ich erinnere mich, dass ich die zwanzigbändige Marx-Engels-Ausgabe hier erwarb und meinen Wagen, um das schwere Buchpaket abtransportieren zu können, auf dem Bürgersteig parkte, was untersagt war, da sich hier eine Haltestelle der Straßenbahn befand. Als ich mit meinen Karton aus dem Laden kam, stand neben meinem Gefährt mit düster-amtlicher Miene ein Volkspolizist. Ich parkte in verbotenem Raum. Ich wies auf meine Notlage hin. Ich nannte die Namen Marx und Engels. Den Volkspolizisten beeindruckten die sozialistischen Klassiker nicht. Er stellte mir ein Strafmandat aus. Seine Station auf der gleichen Straße gibt es längst nicht mehr. In der Buchhandlung Bölschestraße 26 befindet sich heute eine Apotheke.

Anfangs der 1990er Jahre eröffnete weiter nördlich auf der gleichen Seite der Bölschestraße in einem Kolonistenhaus ein privates Buchgeschäft. Es nannte sich »Die andere Buchhand-

Die Buchhandlung »leselieber«.

lung«, betrieben wurde es von einer Frau. Es war ein reizendes Geschäft: sehr intim, Bücher standen noch auf der Treppe zum Oberstock, das Sortiment war vorzüglich. Zur Geschäftseröffnung bat man mich um eine Lesung. Der kleine Raum war überfüllt. Alles schien auf einem guten Weg.

Später erzählte mir die Inhaberin, sie könne sich mit dem Hausbesitzer nicht über die Höhe der Miete einigen. Sie zog aus. Den Laden nutzte fortan ein Geschäft für Tonträger. Die Buchhandlung mietete sich größere Räume jenseits der Marktplatzes, nahe dem Müggelseedamm. Damals bestand noch jene unsichtbare Schranke, die den meisten Publikumsverkehr auf der Bölschestraße bei der Kirche St. Christophorus enden ließ. Die Andere Buchhandlung musste sich verändern und, um weiterexistieren zu können, außerdem Musikalienbedarf anbieten. Auch dies brachte nicht die erforderliche Rendite. Das Unternehmen zog abermals um, in kleinere Räume, und sitzt nun in der Bölschestraße 11. In diesem Abschnitt ist sie eine von inzwischen drei Buchhandlungen.

Auf der gesamten Bölschestraße gibt es deren vier. Ich kenne keine Straße in Berlin, die eine solche Anzahl von Buchhandlungen unterhält. Es ist, als wolle man dem Literaturgeist des Viertels kommerzielle Reverenz erweisen.

In jeder von ihnen liegen großformatige Hefte aus des Titels *Die Mark Brandenburg*. Verlegt werden sie unweit der Bölschestraße von Marika Großer.

Sie ist eine Schwiegertochter Lucie Groszers (man beachte die eigenwillige Schreibung des Nachnamens), die zu DDR-Zeiten einen angesehenen Berliner Kinderbuchverlag besaß. Einer ihrer Lektoren war Johannes Bobrowski, der hier auch seine erste Buchveröffentlichung erfuhr. 1979 ging der Verlag in Staatsbesitz über, die frühere Besitzerin war in ihm noch bis 1982 tätig.

Ihre andere Schwiegertochter hieß Franziska Groszer. Die, 1944 in Friedrichshagen geboren, gründete 1969 nach dem Westberliner Modell von Fritz Teufel und Rainer Langhans, vielleicht außerdem inspiriert durch Lebensformen im Friedrichshagener Dichterkreis, die »Kommune 1 Ost«. Beteiligt waren ihr Mann Gert und zwei Kinder aus anderen Ostberliner Intellektuellenfamilien. »Ein mündiger Bürger«, so die Überzeugung, »kann nur der sein, der nicht in autoritären Bindungen aufgewachsen ist.« Der Sache war kein langes Leben beschieden: 1971 löste die Kommune sich auf. Franziska Groszer verließ die DDR und begann im Westen eine Karriere als Kinderbuchautorin.

Lucie Groszer hat dann 1991 die Heftreihe *Die Mark Brandenburg* ins Leben gerufen und bis zu ihrem Tod im Jahre 1997 betreut. Der Inhalt sind regionalhistorische Themen, die Gesamtzahl aller bisher erschienen Ausgaben geht auf die hundert zu.

Und sonst?

Friedrichshagens größte Buchhandlung befindet sich jetzt in unmittelbarer Nähe des Bahnhofs, im Haus Bölschestraße 79. Ursprünglich war dies ein Modernes Antiquariat, was der euphemistische Name ist für einen Laden, der Bücher verramscht. Inzwischen hat der Konzern, dem das Geschäft gehörte, den meisten seiner Filialen dieses Segments Schließungen verordnet, auch die in Friedrichshagen war zuletzt davon betroffen. Die Räume übernahm ein wagemutiger Sortimenter, der seinem Geschäft den etwas irritierenden Namen »leselieber« gab.

Die erste Veranstaltung, die er in seinen Räumen vornahm, galt Fernando Pessoa, Portugals großem Avantgardisten. Regelmäßige Lesungen veranstaltet die Dresdner Feinbäckerei nahebei, Bölschestraße 89. Sie finden dort schon seit 2006 statt, etwa zehnmal im Jahr, sie firmieren als »Bobrowski Mühle«, als Variante von Johannes Bobrowskis Romantitel »Levins Mühle«.

Contemplo o lago mudo
Que uma brisa estremece.
Não sei se penso em tudo
Ou se tudo me esquece.

Heißt es bei Fernando Pessoa, den »leselieber« feierte, als sein 125. Geburtstag war. Auf Deutsch heißt das:

Stumm betrachte ich den See,
den eine Brise kräuselt.
Nichts weiß ich, wenn ich an das Ganze denke
Oder es ist das Ganze, das mich vergisst.

Zenitsonne auf dem Scheitel

Sie hat langes, schwarzes Haar, das ihr über die Schultern fällt. Sie hat dunkle, etwas mandelförmig geschnittene Augen. Um sie ist ein unbestimmter Tanggeruch. Der Saum ihres weißen Kleides reicht ihr bis zu den Fußknöcheln. Sie geht barfuß, zwischen ihren Zehen, kaum wahrnehmbar, waren ihr Schwimmhäute gewachsen. Niemand bemerkt es. Niemand beachtet sie, was sie zu verwirren scheint.

Sie steht an der Straßenbahnhaltestelle Bölschestraße-Marktplatz. Es ist die schwüle Hitze eines hochsommerlichen Mittags, die Luft flimmert, die mit ihr und mir gemeinsam wartenden Menschen sind hochrot im Gesicht und wischen sich Schweiß von den Stirnen. Die Eisdielen sind überfüllt. Junge Leute, Bademäntel überm Arm, streben dem Freibad Müggelsee entgegen Die junge Frau schaut suchend um sich, bis sie schließlich mich erblickt.

»Du bist Literat?«

»Richtig.«

»Wie angenehm. Ich habe gute Erfahrungen mit schöner Literatur.«

»Offenbar lesen Sie gern?«

»Ich höre mir Dichtungen an. Ich höre sie mir gerne an. Lesen kann ich nicht.«

»Erstaunlich.«

»Ah ja? Ich benötige es nicht.«

»Wieso das?«

»Ja som jaden bog.«

»Bitte?«

»Du verstehst nicht?«

»Kein Wort.«

»Ich habe Sorbisch gesprochen. Das ist meine Sprache.«

»Wenn ich es recht weiß, ist diese Sprache soeben dabei zu verschwinden.«

»Das wäre schrecklich.«

»Viele Sprachen sind schon untergegangen. Viele andere sind vom Untergang bedroht.«

»Das begreife ich nicht. Ich begreife vieles nicht.«

»Nämlich?«

»Dass mich niemand beachten will. Außer dir.«

»Darüber sollten Sie nicht erstaunt sein. Schließlich, wir leben anfangs des 21. Jahrhunderts, wir haben den Auftritt von Blumenkindern, von Hippies, Gothic People, Leuten mit Ganztätowierung und Männern mir rotgefärbten Irokesenschnitt erlebt. Außerdem befinden wir uns in Berlin. Hier wohnen Menschen aus wenigstens dreißig Ländern.«

»Friedrichshagen gehört zu Berlin?«

»Seit fast hundert Jahren. Das wissen Sie nicht?«

»Ich bin lange nicht hier gewesen.«

Sie fasst mich am Oberarm und sagt:

»Wollen wir nicht gehen?«

Also gehen wir. Wir gehen langsam. Nicht bloß wegen der Hitze, auch weil die Frau in dem langen weißen Kleid, mit dem Tanggeruch und den Schwimmhäuten zwischen den Zehen keinerlei Anstalten macht zur Eile. Sie schreitet überaus würdevoll. Wir gehen auf der Ostseite der Bölschestraße, Richtung Müg-

Am Ufer des Müggelsees.

geleseeufer. An einem der Gründerzeithäuser werden Renovierungsarbeiten ausgeführt.

»Überall hier«, sagt sie, »hat sich eine Menge verändert.«

»Diese Straße verändert sich ständig.«

»Sie ist laut geworden. Alles geht so hastig zu. Alles ist geschäftig und viel zu bunt.«

»Wie lange waren Sie nicht hier?«

»Ich habe es nicht gezählt. Jahre? Jahrzehnte? Aber was bedeutet das. Ich weiß, ich habe ein völlig anderes Zeitempfinden als du. Jetzt sehe ich und staune. Ich bin völlig verwirrt. Straßen verändern sich, Sprachen sterben aus, Menschen beachten einander nicht.«

Sie bleibt stehen und sagt: »Ich spüre Heimweh. Nach meiner Vergangenheit. Du bist ein Literat und wirst mich verstehen. Auch du lebst von der Vergangenheit, nicht wahr, du willst sie festhalten.«

»Ja. Unter anderem lebe ich davon.«

»Lass uns weitergehen. Ich möchte weiter die Friedrichstraße erleben.«

Wir gehen wieder. Ich sage: »Den Namen Friedrichstraße gibt es hier nicht mehr.«

»Wie denn das?«

»Jetzt heißt das Bölschestraße. Seit einem Halbjahrhundert schon.«

»Ah«, sagt sie und zeigt ein flüchtiges Lächeln. »Bölschestraße. Wegen Wilhelm Bölsche. Oder?«

»Sie kennen den Namen?«

»Ich kenne ihn gut. Ich kenne den Menschen, ich kenne sein Werk, seine Worte, seine Ideen. Ich verdanke ihm viel. Lass uns noch weitergehen. Lass uns bis zum Ufer gehen, bis zum Müggelsee. Nun, da ist er. Ich höre ihn. Ich schmecke ihn. Er ist Was-

Titelblatt von Wilhelm Bölsches »Die Mittagsgöttin«.

ser von meinen Gewässern. Die Spree fließt in ihn hinein und aus ihm heraus. Ich gehöre der Spree. Ich gehöre dem Spreewald. Ich bin Pschipolniza, die Göttin, die Wilhelm Bölsche beschrieben hat, in seinem Roman, den kaum einer mehr kennt, dass auch mich kaum einer mehr kennen kann. Meine Sprache vergeht. Mein Volk kennt seine alten Gottheiten nicht mehr. Ich muss zurückkehren, in meine Heimat, in meine Vergangenheit, ich kann nichts anfangen mit deiner Gegenwart, ich kehre zurück in den Roman von Wilhelm Bölsche, der mich beschrieben hat und der jetzt vergessen ist. Bóžemko, mój pśijaśel.«

Sie löst sich vom Boden. Sie beginnt zu schweben. Vom Müggelseeufer schwebt sie hinaus auf das im Sonnenlicht glänzende Wasser, es gibt kleine Wellen, sie lässt sich nieder auf die Wellen und wird dabei immer durchsichtiger, schließlich verschmilzt mit den Wellen, bis sie selbst nur noch Wasser ist. Möwen kreisen und kreischen.

»Ich hatte wohl die Idee; auch wir heute in unseren modernen Verhältnissen mühten uns alle mit der sengenden Zenitsonne auf dem Scheitel im wahren Mittag der Menschheit, und die Wissenschaft, die als verschleiertes Bild uns dabei naht und die Frage nach Leben und Tod stellt, sei in Wahrheit auch nur ein grausames Gespenst, das dem Ermatteten, Lechzenden den Hals umdreht, anstatt ihn zu erquicken.«

Rätselhafte Sätze. Sie stehen in Wilhelm Bölsches Roman über die wendische Göttin Pschipolniza. Ich drehe um und kehre zurück zu der Straße, die Wilhelm Bölsches Namen trägt.

Geh hin, mein Blick

Es ist das Jahr 2013. Es ist Frühsommer. Ich gehe die Bölschestraße hinab.

In den vergangenen mehr als zehn Jahren hat sie sich abermals verändert, wie auch nicht. Das Postamt wurde zur Postbank. Nach Süden hin zeigen sich weitere Hausfassaden penibel renoviert. Ein paar bestehende Baulücken sollen offenbar geschlossen werden.

Auf der Bölschestraße gibt es heute zwei Immobilienfirmen. Die Wohnungsmieten im gesamten Ortsteil, lese ich, sind gestiegen, wie auch sonst in Berlin, ein Angebot für die Bölschestraße 68 lautet: vier Zimmer, zusammen hundert Quadratmetern Wohnfläche, Kaltmiete 760 Euro, für Neuvermietungen im sanierten Altbau geradezu billig. Die Kaufpreise für Einfamilienhäuser bewegen sich zwischen einer halben und anderthalb Millionen.

Manche Läden haben ihre Nutzer gewechselt. Ein paar sind umgezogen. Ich habe einen Notizblock mit Stift in den Händen, ich will die aktuellen Zahl der verschiedenen Branchenadressen mittels Strichliste ermitteln. Ich gehe auf der rechten Straßenseite vom Bahnhof bis zur Brauerei und auf der anderen Seite zurück. Hier das Resultat: Die Bölschestraße hat derzeit vier Floristen, fünf Optiker, fünf Apotheken, fünf Kreditinstitute, sechs Juwelengeschäfte, dreizehn Ärzte und, habe ich richtig gezählt, siebenundzwanzig gastronomische Einrichtungen der unterschiedlichsten Art, von der Imbisshalle bis zum Nobelrestaurant. Der alte Supermarkt neben der Kirche wurde abgerissen und das gesamte Gelände neu bebaut. Entstanden ist ein Geschäftsquartier, in dem der Supermarkt bloß ein Nutzer unter mehreren ist. Unmittelbar daneben wurde eine Seniorenresidenz eröffnet, für eine Unternehmensgruppe, die in Berlin zehn weitere Häuser dieses Zuschnitts unterhält. »Was wir an Geldern einnehmen, lese ich im Internet-Auftritt der Betreiber, »kommt unmittelbar wieder den Bewohnern unserer Häuser zugute. Das bewirkt nicht nur bauliche Qualität und hervorragende Ausstattung. Wir haben so auch die Mittel, für hohe Lebensqualität und echte Lebensfreude der alt gewordenen Menschen zu sorgen.«

Die übliche Geschäftspoesie. Ich kann die Behauptungen nicht nachprüfen. Von außen jedenfalls macht das Gebäude einen ordentlichen Eindruck.

Auch schräg gegenüber, rund um das Marktplatzrechteck mit seiner Fridericusstatue sind neue Gebäude mit neuen Geschäften entstanden. Der Straßenabschnitt zwischen Markt und Müggelsee wurde weiter aufgewertet. Manche der Höfe kann ich von der Straße aus direkt erreichen, es gibt Grünflächen dort, manchmal Geschäfte, manchmal Werkstätten. In Hausnummer 126 finde ich ein kleines Hotel mit fünfundzwanzig Zimmern.

Auf der Bölschestraße fahren die beiden Straßenbahnlinien 60 und 61 der Berliner Verkehrsbetriebe. In beiden Fahrtrichtungen gibt es drei Haltestellen, jeweils am Anfang, am Ende und in der Mitte.

Als bekannt wurde, dass der Airport Berlin-Brandenburg in Schönefeld, entgegen ursprünglicher Ankündigung, eine seiner Flugrouten über den Müggelsee und damit über Friedrichshagen führen will, bildete sich im April 2011 eine Bürgerinitiative.

Die Bölschestraße.

30

Seither formieren sich jeden Montag auf der Bölschestraße Protestdemonstrationen. Sie sind manchmal gut, manchmal weniger gut besucht, es gibt Reden und Informationen. »Natürlich geht es in erster Linie um die Lärmbelastung«, sagen die Veranstalter, »an der gesundheitlichen Schädigung durch Fluglärm besteht inzwischen kein Zweifel, eine Studie namhafter Professoren und Ärzte liegt vor. Und es geht um die Belastung der Umwelt, der geschützten Natur und des für ganz Berlin wichtigen Trinkwasserschutzgebietes um den Müggelsee.«

Zweimal wurde zu überregionalen Protesten aufgerufen. Ich bin ihnen beide Male gefolgt, da auch die Vorortgemeinde, in der ich lebe, vom Fluglärm betroffen wäre. Es gab eine große Demonstration, die vom Potsdamer Platz bis zum Kanzleramt führte, hier waren auch Fluglärmgegner aus Frankfurt am Main zugegen. Das andere Mal bildete sich rund um den Müggelsee eine geschlossen Menschenkette, das Fernsehen filmte ausführlich, im Himmel kreiste ein Hubschrauber, dessen Insassen die Manifestation aus der Höhe zur Kenntnis nahmen.

Während ich bei diesen Veranstaltungen mitging, dachte ich darüber nach, an welchen Demonstrationen ich in meinem Leben schon teilgenommen habe und was sie erbrachten. Die Aufmärsche, zu denen ich als Student einer DDR-Universität befohlen wurde, waren leere Rituale. Die großen Demonstrationen von 1989/90 haben das Schicksal der politische DDR nicht verursacht und nicht befördert, das Ende wäre so oder so eingetreten, da der Staat wirtschaftlich wie innenpolitisch völlig bankrott war. Die Massenproteste auf der Bölschestraße gegen die geplanten Flugrouten über den Müggelsee und gegen Fluglärm in den Nächten werden, fürchte ich, folgenlos bleiben.

Friedrichshagen hat einen Kulturverein, der sich nach dem Ortsgründer Pfeiffer benennt und eine Videonale veranstaltet,

Bölschestraße, Ecke Müggelseedamm.

das ist ein Wettbewerb für Videos, mit Jury und mit Preisvergabe. Eine parallel zu Bölschestraße verlaufende Meile ist benannt nach dem preußischen Verwaltungsjuristen und Rittergutsbesitzer Georg Scharnweber, der ab 1842 Landrat von Niederbarnim war und damit zuständig auch für Friedrichshagen. Auf der Scharnweberstraße gibt es ein Buchantiquariat, das ein kleines Museum des Friedrichshagener Dichterkreises unterhält, außerdem Vorträge, Lesungen und Kunstausstellungen ausrichtet und eigene Bücher verlegt.

Jährlich einmal, im Mai, begibt sich an einem Wochenende das Bölschestraßenfest. Dann ist die Fahrbahn für den Autoverkehr gesperrt, überall stehen Stände, Buden, Kioske. Es gibt viel Musik, viel Lärm und sehr viel Publikum. Es wird gegrillt, gegessen und fleißig getrunken. Übrigens steht die gesamte Bölschestraße unter Denkmalschutz.

Jetzt ist also Frühsommer. Es ist früher Abend. Leute rennen zum Bahnhof, um ihren Stadtbahnzug zu erreichen. Vor der Ampel am Fürstenwalder Damm staut sich der Verkehr. Auf der Bölschestraße irren Personenkraftwagen umher und finden keine Parklücke. Der Wind weht Knüllpapier und Plastikfetzen über die Gehsteigplatten.

Vor einem Stehausschank stehen Männer in ölverschmierten Latzhosen. Sie stoßen prostend ihre Bierflaschen aneinander, dann trinken sie daraus. Die türkischen Obsthändler haben die Preise gesenkt, um ihre liegengebliebenen Südfrüchte noch losschlagen zu können. Die Cafés haben Stühle und Tische vor die Tür gestellt. Ihre Gäste sitzen vor Kuchentellern, Eisbechern und Cafè-latte-Tassen. Der wolkenlose Abendhimmel über der Bölschestraße zeigt ein unverschämtes Blau.

Der Dichter Richard Dehmel, auch er gehörte einst zum Friedrichshagener Dichterkreis, hat gereimt:

Geh hin, mein Blick, über die grünen Bäume!
Da huscht ein Vogel, der nimmt dich mit,
Märchenvogel Edelschwarz.

Bleib nicht zu lange im Reich der blauen Träume!
Hier rasten Menschen am Straßenrand,
ihre Hände sind vom Alltag schwarz.

Was hat sich, dies betreffend, auf der Bölschestraße eigentlich verändert? Genau genommen wenig. Genau genommen gar nichts.

Der Autor

Rolf Schneider, geboren 1932 in Chemnitz, ist freier Schriftsteller und Publizist. Er verfasste zahlreiche Romane, Bühnenstücke, Essays und Sachbücher, die in über 20 Sprachen übersetzt wurden. Zuletzt erschienen u. a. der Roman »Marienbrücke « (2009) und die Sachbücher »Das Mittelalter« (2010) sowie im be.bra verlag »Ritter, Ketzer, Handelsleute« (2012). Rolf Schneider wurde ausgezeichnet mit dem Lessing-Preis der DDR, dem Hörspielpreis der Kriegsblinden sowie mit dem Bundesverdienstkreuz 1. Klasse. Er lebt in Schöneiche bei Berlin.

Abbildungsnachweis

Archiv des Verlages 19

Bölsche, Wilhelm, Die Mittagsgöttin, 4. Aufl., Jena 1910 130

bpk / Felicitas Timpe 77

Museum Köpenick 105, 86, 87

Topp, Marijke 66, 67, 73, 91, 95, 99, 101, 107, 119, 123, 128, 134/35, 137

Wikipedia 57, 63

Wikipedia / National Library of Israel 51

Wilhelm Spohr, Fröhliche Erinnerungen eines ›Friedrichshageners‹, 4. Aufl., Berlin 1951 23, 28, 32, 33, 41, 45, 55, 71

Mehr Berliner Orte!

In den »Berliner Orten« nähern sich Autoren mit ihrem ganz eigenen Stil einem Ort, der für sie eine besondere Rolle spielt. Mal persönlich, mal historisch und immer ganz individuell zeigt die Reihe Berlin in seiner ganzen Vielfältigkeit und Kreativität.

Knut Elstermann
Meine Winsstraße
ISBN 978-3-89809-107-7

Brauseboys
Geschichten aus der Müllerstraße
ISBN 978-3-89809-108-4

Kurt Tucholsky
Westend bis Köpenick
ISBN 978-3-89809-109-1

Volker Wieprecht
Zwischen Kreisel und Kleistpark
ISBN 978-3-89809-119-0

Rolf Schneider
Bölschestraße
ISBN 978-3-89809-120-6

Hans Ostwald
Dunkle Winkel
ISBN 978-3-89809-121-3

www.bebraverlag.de

je 144 Seiten,
je 9,95 € [D]

be.bra verlag

Rolf Schneider
Ritter, Ketzer, Handelsleute
Brandenburg und Berlin im Mittelalter

208 Seiten, 251 z.T. farbige Abbildungen, gebunden
ISBN 978-3-86124-662-6
19,95 €

In dem opulent bebilderten Buch entfaltet der Schriftsteller Rolf Schneider ein Panorama der mittelalterlichen Lebenswirklichkeit in Brandenburg und Berlin aus der Perspektive von Adligen, Mönchen, Bürgern und Bauern. Er berichtet dabei nicht nur von politischen Entwicklungen und Kriegen, sondern auch von Stadt- und Klostergründungen, vom bäuerlichen Lebensrhythmus und städtischen Kleidungsgewohnheiten, von Minnesang und Gerichtsbarkeit, von Seuchenzügen und Judenpogromen. Eine lebendig erzählte Kulturgeschichte der mittelalterlichen Mark Brandenburg von der Völkerwanderung bis zur Reformationszeit.